SHIRIN NESHAT

DIRIMART

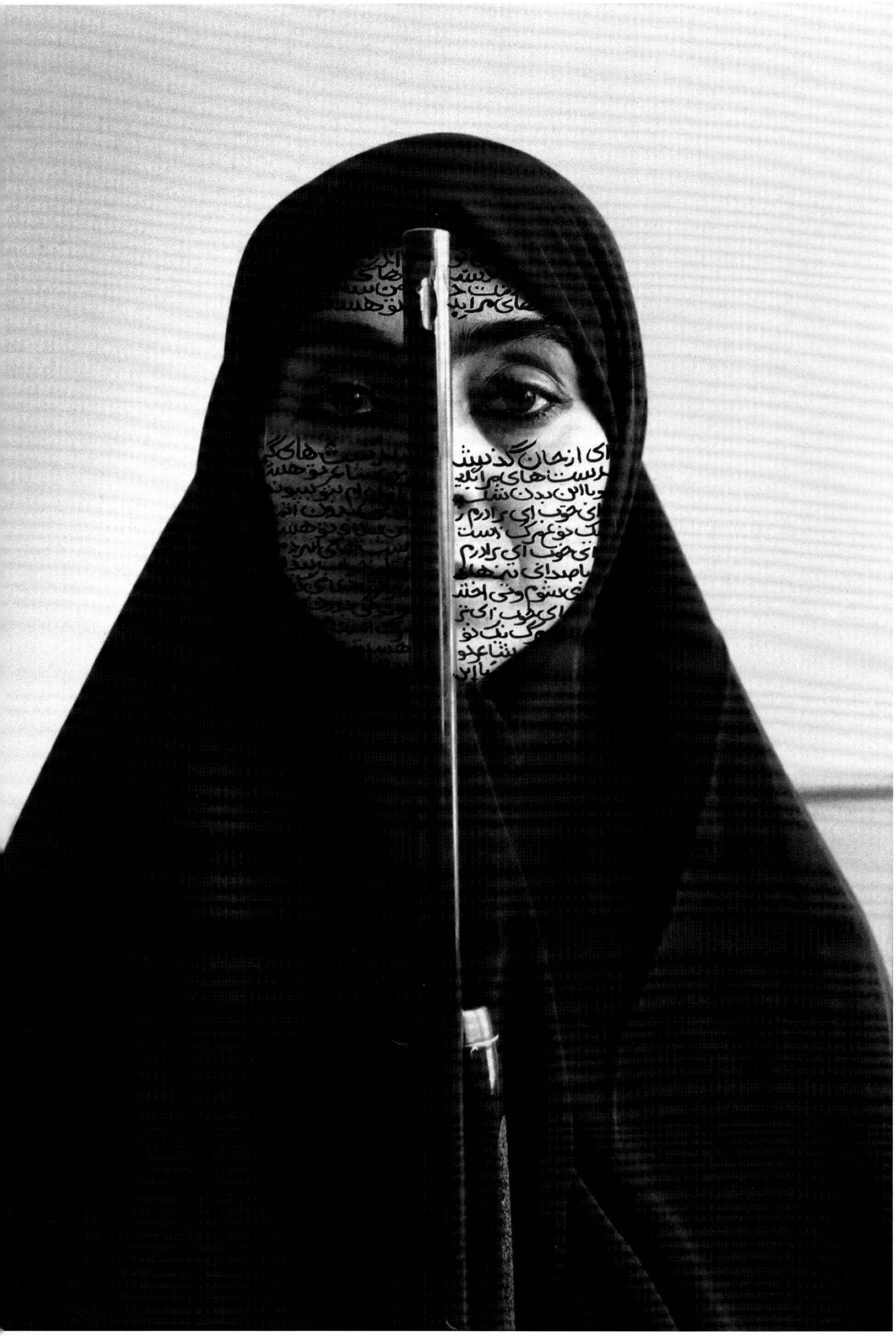

Rebellious Silence, (1994). Siyah beyaz RC baskı ve mürekkep | B&W RC print and ink
Fotoğraf | Photography by: Cynthia Preston

SANATIN İHTİLAFLI ARAZİSİNDEKİ İNSAN

HEINZ PETER SCHWERFEL

"

Bir insan hayatının devamlılığı sadece göz açıp kapayana kadardır, onun mahiyeti sürekli bir akış, hissiyatı karanlık bir tezahür, bedeni kokuşmuş bir kütle, ruhu istikrarsız ve yönünü şaşırmış, kaderi bir bilmece, adı sanı müphem. Kısacası: Cismani olan her şey bir nehir, ruhani olan her şey kuru gürültü, hayat bir kavga ve bir yabancının ayaküstü ziyareti, terekesi unutulmak.

"

MARCUS AURELİUS (121-180)

Taş olarak ölmüştüm ve bitki oldum.
Bitki olarak öldüm ve hayvan oldum.
Hayvan olarak öldüm, o zaman insan oldum.
Öyleyse ölümden korkmak niye?
Ölümle kaybedeceğim şey ne?

MEVLANA CELALEDDİN RUMİ (1207-1273)

ÖLÜMÜN ANLAMI NE: Başlangıç mı yoksa son mu? Hakikat nerede yatıyor: Bu dünyada mı yoksa öbür dünyada mı? Yeryüzünün gücünü kim elinde tutuyor, kim tanıyor o gerçek, o tek Tanrıyı? Onun temsilcisi olarak söz almaya kimin hakkı var, onun kullarını itaate zorlamaya, kişisel özgürlüklerini onlardan çalmaya, onlara rol biçmeye? Onlara ilahi adaletin ne olup ne olmadığını anlatmaya?

New York'ta yaşayan İranlı Shirin Neshat'ın sanatını düşünen biri, kendisini ister istemez bu gibi yanıtsız soruların, mesajsız resimlerin, erkeksiz kadınların karşısında buluyor. Çoğu zaman baskıcı yönetimler altında gerçekleştirilen bir sanat, yabancılaşmış bir ortamda, kapalı bir güzelliğin ve gizli bir şiddetin içinde, geleneksel cinsel baskılar ve kişisel özgürlüğün, isyana susamışlık ve sonsuz bir tevekkülün tam ortasında bir sanat. Yine de mesele din değil, Shirin Neshat ne Allah'a ne de hakikate sorular yöneltiyor, o inancı inançsızlık kadar önemsiyor. Metafizik sorular onu ilgilendirmiyor, o her iki ayağıyla buraya, şimdiye basıyor, siyasi bir şimdiki zamana. Ve bu, bizim dünyevi hayatımızın hiçbir zaman tek başına efendisi olmadığımız, bütün günlük varlığımızın içinde yaşadığımız toplumca güdümlendiği düşüncesi tarafından biçimlendiriliyor. Kimse özgür değil, sanatçı da – herkes çağının, aldığı terbiyenin, kültürünün kölesi. İçinde yaşadığı sistemin.

Marcus Aurelius ve Rumi: İki alıntı, iki düşünür, iki dünya. Bir yanda Roma İmparatoru, Stoacılıktan etkilenmiş bir filozof, kendini ölümlü insan bedeniyle sınırlamış biri. Diğer yanda Allah'a ve ahirete inanan biri. Bir yanda rasyonel bir zekâ ve bilimsel analizci, sadece deneyimlediği şeye inanmayı yeğleyen biri. Diğer yanda yılmaz bir kararlılıkla Allah'ı arayan, vecit içinde ve adanmış bir aşkla yaratıcısına ulaşacağına inanan biri.

Aralarında bin yıl olmasına rağmen ya da olduğu için, iki alıntı da mükemmel bir şekilde gösteriyor ki, iki dünyanın, iki sistemin, iki toplumun birbirinden farklı kanaatleri ve eğilimleri, bunların kafa kafaya çarpışmaları üçüncü bir dünyayı açığa çıkarıyor: Sanat. Fikirlerin savaş meydanı olarak sanat, ideolojik ve dini büyük güçlerin mevzi kavgası olarak sanat, ama uzlaşmanın ütopik ülkesi olarak da sanat. Marcus Aurelius ve Rumi tanışıyor olabilirlerdi, yüzyılları aşıp el ele tutuşabilirlerdi, belki kavga ederlerdi, ama düşünür olarak bir ve benzer temaya kafa yorduklarında kesinlikle hemfikir olurlardı: Varoluşa ilişkin güçlerin oyuncağı olarak birey.

Shirin Neshat'ın fotoğrafları ve video çalışmaları birbirinden epey farklı sistemlerin çarpışmasında salınıyor. Alegorik olarak farklı baskıları tasvir ediyor; taban tabana zıt dünyaların sakinlerine uygulanan baskıları. Shirin Neshat bunları siyah ve beyaz çiziyor, bizi resimler arasındaki ihtilaflı araziye gözlemci olarak yerleştiriyor. Ama kendisini – en azından erken dönem video çalışmalarında – dışarıda tutuyor, sistemler savaşında taraf tutmuyor. Neshat yargılamıyor, tasvir ediyor; ve buna rağmen kime sempati duyduğu konusunda hiçbir kuşkuya yer bırakmıyor: Kurbanlara – ideolojik ve oldukça dünyevi güçlerce zincire vurulup, işkence edilenlere.

Onun sözde melankolisi, Batılı bakış açısının erotizmle fazla yüklü bulduğu feminizmi, zarif yüceltme-estetiği hakkında çok şey yazıldı, çizildi. Onun sanatı İran'da yasaklı, daha az katı İslam ülkelerinde ise müsamaha gösteriliyor. Yine de onun sanatında spontane ve hele de dışavurumcu duygu patlamalarına yer yok, militanca ve ucuz efektlere ve hatta en âlâsından biçimci *l'art-pour-l'art*'a (sanat için sanat) da. Bütün duygular kişisel olmayan, arketiplere yaslanan öykülerle anlatılan biçimsel kesinliklerle aşağı çekiliyor. Her türlü psikolojikleştirme girişiminin önü kesiliyor – Shirin Neshat metafor ve alegorilerle çalışıyor, uzlaşmacı hümanizmi içinde tam bir itikat sahibi olmasına rağmen, retoriği söz konusu olduğunda o ödün vermez bir kavramcı. Sanat aklın analitik enstrümanı olarak, dünya ve sakinlerinin halini tartışmak için onun hizmetinde; özyaşam öyküsü de arka planda. Bu sanat, İran'daki yeşil devrim için bütün siyasi anganjmanların ve Arap baharı için büyülenmenin ötesinde, günümüzün birbirine düşman ve global bir kavgaya tutuşmuş iki sistemi tarafından biçimlendiriliyor – en başta İran'da hüküm süren, bireyciliğin önünü tıkayan radikal İslamcılık ve Amerika Birleşik Devletleri'nin insanı es geçmeye kadar varan, sinik, sözde liberal kapitalizmi.

Sanatçının özyaşam öyküsü, anavatanı, eğitimi, yaşadıkları olmadan sanat yok. İran doğumlu Shirin Neshat, 1975 yılında Şah rejiminin İran'ından ABD'ye henüz genç bir kızken göç etti, önce Kaliforniya Berkeley'de sanat eğitimi gördü, sonra da 80'li yılların ortasında New York'a taşındı. İlk olarak, 1979'dan itibaren İslam Muhafızları tarafından yönetilen anavatanı İran'a tekrar tekrar yaptığı seyahatlerin şoke edici etkisi altında, 1993'ten başlayarak, kendisini uluslararası üne kavuşturacak fotoğraf serisi *Women of Allah*'ı geliştirmeye başladı: Silah taşıyan çarşaflı kadınların büyük formatta siyah-beyaz resimleri – çehreleri Kuran sureleri yerine çağdaş Farsça şiir dizeleriyle işlenmiş kadınların. Fotoğraflara modellik yapan kadınlar ne dişi bombalar ne de kutsal, savaşçı bakireler (*Valkyrie*); yine de bunlar beden dilini ve rağmen apaçık bakışları gözlemcinin – erotik de olan – merakını kışkırtıyor. Fotoğraflar alışılmamış, yeni, tasnife gelmez; aynı zamanda gizemli ve tehditkâr, duygu dolu ve analitik, kadınsı özgürlük talebi İslam şehitlerinin – henüz o zamanlar şüphesiz sadece erkeklerin- savaşçı kararlılıklarına karışmış.

Biçimsel disiplin ve çok katmanlı mesajın bu duygu ve kavram karışımı, Shirin Neshat'ın ilk video çalışması *Turbulent'e* (1998) de damgasını vuruyor. İki beyaz perde karşılıklı asılı durur: Perdelerden birinin üzerinde sade bir siyah pantolon ve beyaz gömlek giymiş, sırtı kameraya dönük bir adam, sırf erkeklerden oluşan bir topluluğun önünde iç gıcıklatan bir aşk şarkısı okur. Sesin sahibi Sharem Nazeri, ünlü İranlı Kürt şarkıcılardan biridir; güfte ise anavatanı Anadolu'dan (Diyar-ı Rum) dolayı Rumi olarak anılan bir şaire, Celaleddin Rumi'ye aittir. Mevlana olarak da bilinen Rumi'nin bugün hâlâ ziyaret edilen kabri yaşadığı ve 1273'te öldüğü yer olan Konya'dadır; ve şiirleri bir uygulama olarak akıllı telefonlar ile erişilebilir durumdadır.

Şarkıcı dinleyicilerinin alkışları altında teşekkür edercesine öne eğildiğinde ve arkasına döndüğünde, peçeli bir kadının sırtına beklentiyle – ve tamamen hürmetle – bakar, kadın o anda bulunduğu yerde şarkı söylemeye başlar. Ama geleneksel bir şarkının katılaşmış formunda değil – pek çok kere kendi sesiyle dilediğince doğaçlamalar yapar, her türlü uyumu bozar, bunlara dil ve parmak şıklatmalarıyla çıkardığı ritmler eşlik eder. Kameraya – ve diğer perdedeki adama – sırtını çevirir çevirmez, kamera kadının etrafında dönmeye başlar: Biz kadının yüzünü ve erotik ışıltısını keşfederiz. O – New York'ta yaşayan, İranlı muzikçi Susann Deyhim – müziği gibi dışavurumcudur, geleneksel müziğin katı şablonlarını tıpkı özgürleşmiş kamera gibi kırar.

Vecde gelmek (*Extase*) Shirin Neshat'ın erken dönem çalışmaları için anahtar kavramdır. Batılı anlamda bir uyuşturucu, kendinden geçme, cinsellik değildir bu vecde geliş, ama hakikat ve bilgiye götüren kendini bulmanın aşkın hali olarak mistik geleneklerdir. Kadın dinî ve toplumsal otoritenin ona çok gördüğü, kendini tanıma ve kendini özgürleştirme yoluna adım atabilecek durumdadır – eğer isterse. Erkek tam tersine hiç de böylesi bir durumda değildir, ima edildiği gibi, onda bunu yapacak kabiliyet de yoktur. Cesareti de. O oynamaya zorlandığı toplumsal rolde hapis kalmıştır, üstelik vecde gelerek kendini bulmanın şairinin, Rumi'nin bir şarkısını söylediği halde.

Bugün de sema eden, giysileri geometrik figürlerle şişip kabarırken vecde gelmiş halde kendi etrafında dönen her derviş Rumi ile özdeşleştirilmiştir. Bu semaların gücü karşılığını Shirin Neshat'ın estetiğinde bulur; bu, somut değil, tam tersine soyut olduğu için İslamî gelenekte sıkışıp kalan

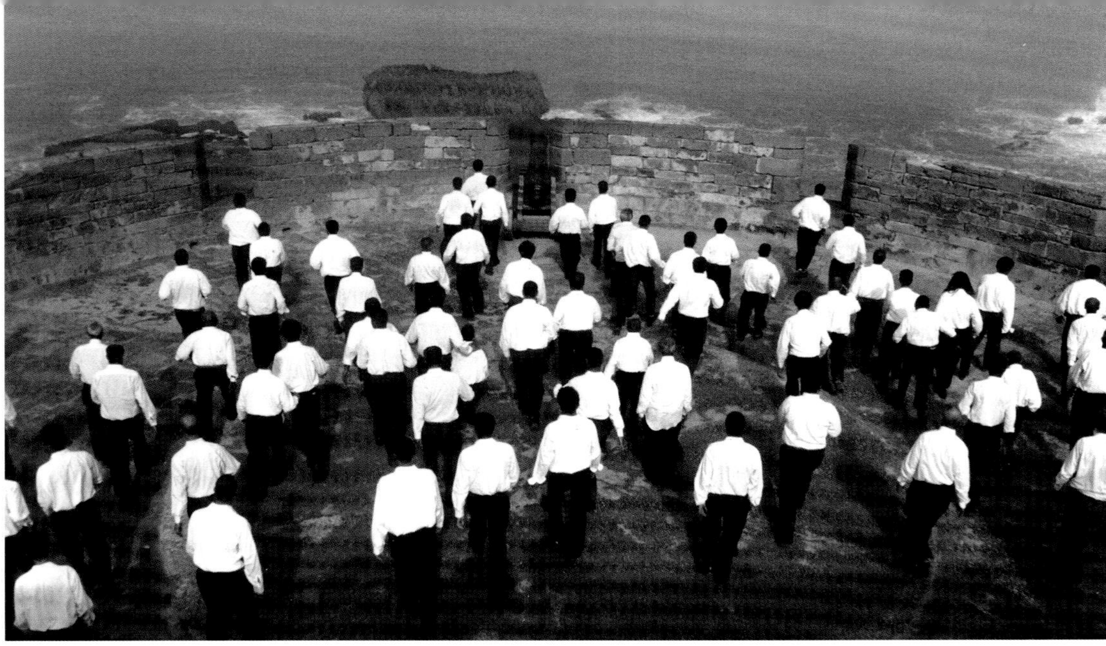

Rapture, (1999). Prodüksiyon görselleri | Production stills

süslemeci bir estetiktir. Tuvale ve projeksiyon perdesine dönüşecek *Women of Allah*'taki kadınların bedenlerinin üzerindeki kaligrafik yazılarında, ama kamera kullanımında da, renklendirmede ve özenle oluşturulmuş, koreografik hareketlerin öneminin altını çizdiği ikinci büyük video çalışması *Rapture*'daki (1999) resim formlarında.

Rapture da bir kez daha karşı karşıya gelmiş, ikiye ayrılmış dünyalardan beslenir: Bir yanda erkeklerin oluşturduğu bir grup, her zamanki gibi yekpare bir devinim içinde, Faslıların bir kutlamasında filme çekilmişler, taşlaşmış geometrik formları, duvarları, kavisleri, kapılarıyla devasa bir mimari erkek özgürlüğünün sınırlamalarını vurguluyor. Hemen karşıda asılı perdede kadınlar, özgürce akıp giden grup devinimleri içinde, açık bir arazide, kah çıplak elleriyle toprağı eşeliyor, kah geleneksel olan alkış sesleri çıkarıyorlar. Nihayet kadınlar bir sandalı kıyıya taşıyor ve denize salıyorlar; içlerinden bazıları bilinmez bir geleceğe doğru yol alıyor, diğerleri kendilerini kurban eder ve geride kalırlarken – kadınların kendilerini feda etme kabiliyetlerine dair bir anıştırma daha.

Her iki video enstalasyonu – bu karşı karşıya gelen, bağdaşmaz dünyaların erken üçlemesinin *Soliloquy* (1999) adlı üçüncü bölümü de- tek bir kelimeye dahi ihtiyaç duymaz. Önemli dramatik ve duygusal öğe olarak kelimeler yerine müzik kullanılır. *Turbulent* Shirin Neshat'ın bir İstanbul seyahatinde tanık olduğu bir olaydan esinlenmiştir: Neshat bir sokak köşesinde, çevresinde toplanan izleyicileri göremeden, yüksek ve iç paralayıcı bir sesle şarkı söyleyen genç ve kör bir kadını keşfeder. Kadın ya da erkek, körlerin sabit bakışlarında bir parça müstehcenlik vardır, ve İran'da kadınların açık mekânlarda şarkı söylemeleri yasaktır. Bundan ötürü *Turbulent*'te şarkı söyleyen kadının önündeki amfi tiyatro boş ve kadın da tek başına kalmalıdır – erkek şarkıcı ona kulak kesilir, ama başka bir dünyadan.

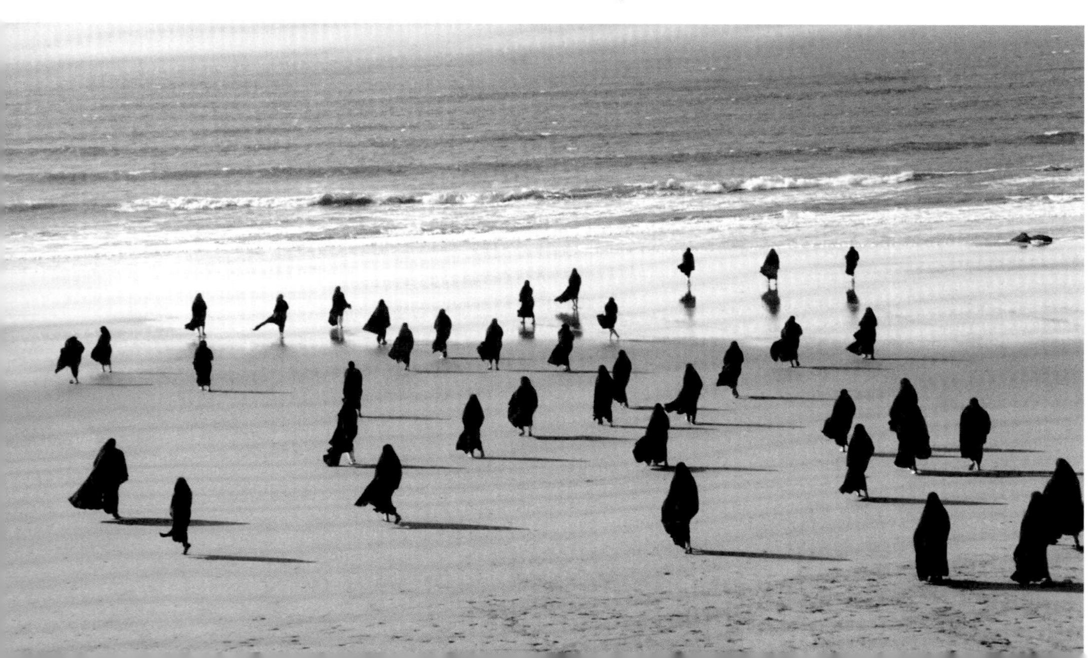

Shirin Neshat'ın en son video çalışması *OverRuled*'da (2012) alegori olarak müzik, kurtuluş ve kendini gerçekleştirmek adına önemli bir rol oynar: Bir mahkeme önü, mahkeme görsel olarak İsa'nın Son Akşam Yemeği'ni hatırlatır, mahkeme hakimi de rahibe benzer, hakimin yanındaki mahkeme heyeti çerçevenin sağında ve solunda duran, cepheden bakan iki adet ilave projeksiyon kutusunun görünmez kıldığı bir kadın ve bir erkeğin kaderlerini müzakere eder. Şimdi müzik yapan erkektir ve kendisini otoritenin seviyesine çıkarır, o sırada kadın Rumi'nin dizeleriyle aşkını ilan etmektedir. Metin, sufi derviş Hallâc-ı Mansûr'un tarihi yargılanmasından esinlenmiştir, Mansûr 10. yüzyılda sözümona Allah'a küfür etmek suçundan yargılanmış ve herkesin gözü önünde idam edilmiştir. Bu film, New Yorker Festival Performance için sahneye konan – oldukça uzun – bir gösterimin farklı bir montajıdır.

Şiir ve müzik: Gözlemcinin duygularına hitap eden, kavramsallık ve videonun formel ihtiyaçlarıyla çelişir gibi gözüken iki araç. Tam da bu karşıtlık, büyüleyici bir çekim gücü elde etmek için, Shirin Neshat'ın çalışmalarını bizim üzerimizde sınamasını sağlar. Çelişki ve anlayışsızlık birer sanatsal koza dönüşürler: Erotik savaş tanrıçası olarak silahlı kadın, toplumsal rol dağılımının belli ki ceberrut kurbanı olmak üzere eğitilmiş erkek, kendini seyircisiz özgürleştirmiş birey olarak hazla doğaçlama yapan kadın müzisyen. Biz ne Farsça kaleme alınmış kaligrafik yazıları anlarız, ne de *Fervor* (2000) adlı videodaki müezzinin hararetli vaazını. Shirin Neshat'ın işleri Müslüman bir ülkede ilk kez kişisel bir sergi kapsamında sergilenecek ve acaba Türk sanatseverler nasıl bir tepki gösterecek? Görsel sanatçıdaki dolaysızlığın saflığının izleyici tarafından anlaşılmasına dair Neshat'ın beslediği umut gerçekleşecek mi?

Bütün kişisel psikolojilerin cürufunu temizleyerek öze varmak, duygusallık ve formel karşıtlıkla bir arada sunmak; bu, Batılı sanat çevreleri için her zaman itirazsız onaylanacak bir şey değildir – güncel sanatın, sanat tarihi bilgimizle kırabileceğimiz kodlar içermesine alışığız. Shirin Neshat bu kodları etkisizleştiriyor, İran'ın ara tonlar kültürüne ve siyaseten doğruculuğa karşı çıktığında da, Batılı feminizmin karşısında durduğunda da; siyasi tematiğine rağmen güzelliğin keyfini çıkartan muhteşem bir estetik doğru-olmama-halini (*Unkorrektheit*) cesaretle sergilediğinde de.

Stilize edilmiş insan portrelerinden birinde, asık suratlılık tematiğine açıkça ters düşüyor, ve fotoğrafı resim sanatının katına çıkarıyor: İlk kez İstanbul'da sergilenecek olan yeni dizisi "Mourners"'ta Shirin Neshat insanları matemleri içinde ışıldarken gösteriyor. Mollalara, Kaddafi'ye, Tunus'un Ben Ali'sine veya Mısır'ın Mübarek'ine karşı isyanın şehitlerine bir saygı duruşu. "Mourners" toplumsal yıkıma maruz kalan insanların alegorik portrelerinden oluşan *The Book of Kings* adlı seriye ait; "Villains", "Patriots", "Masses" adlı çalışmalar da bu seriden. Bu, İran'ın Araplarca işgalinden 400 yıl önce söylenen epik şarkıları *Şahname*'sinde toplayan, 11. yüzyıl şairi Firdevsi'den esinlenmiş bir toplamdır. Mısır'da özgürlük ve demokrasi için verilen – kaybedilmiş? – kavgadan sonra Kahire'nin yoksul mahallelerinde fotoğraflanmıştır, "Mourners" portreleri meşhur Fayum portrelerini hatırlatır; mumyaların konulduğu tabutlara çizilen bu ölü resimleri, yeniden doğuşlarında onlara eşlik ederler ve bugün dahi karanlık gözlerini bize dikerler, sanki bizi bakışlarıyla delip geçiyorlarmış gibi. Sanki hem vecit halinde hem de tevekkül dolu matemleri içinde bir tek onlar bilebilirlermiş gibi, hakikatin nerede yattığını – bu tarafta ya da öbür tarafta.

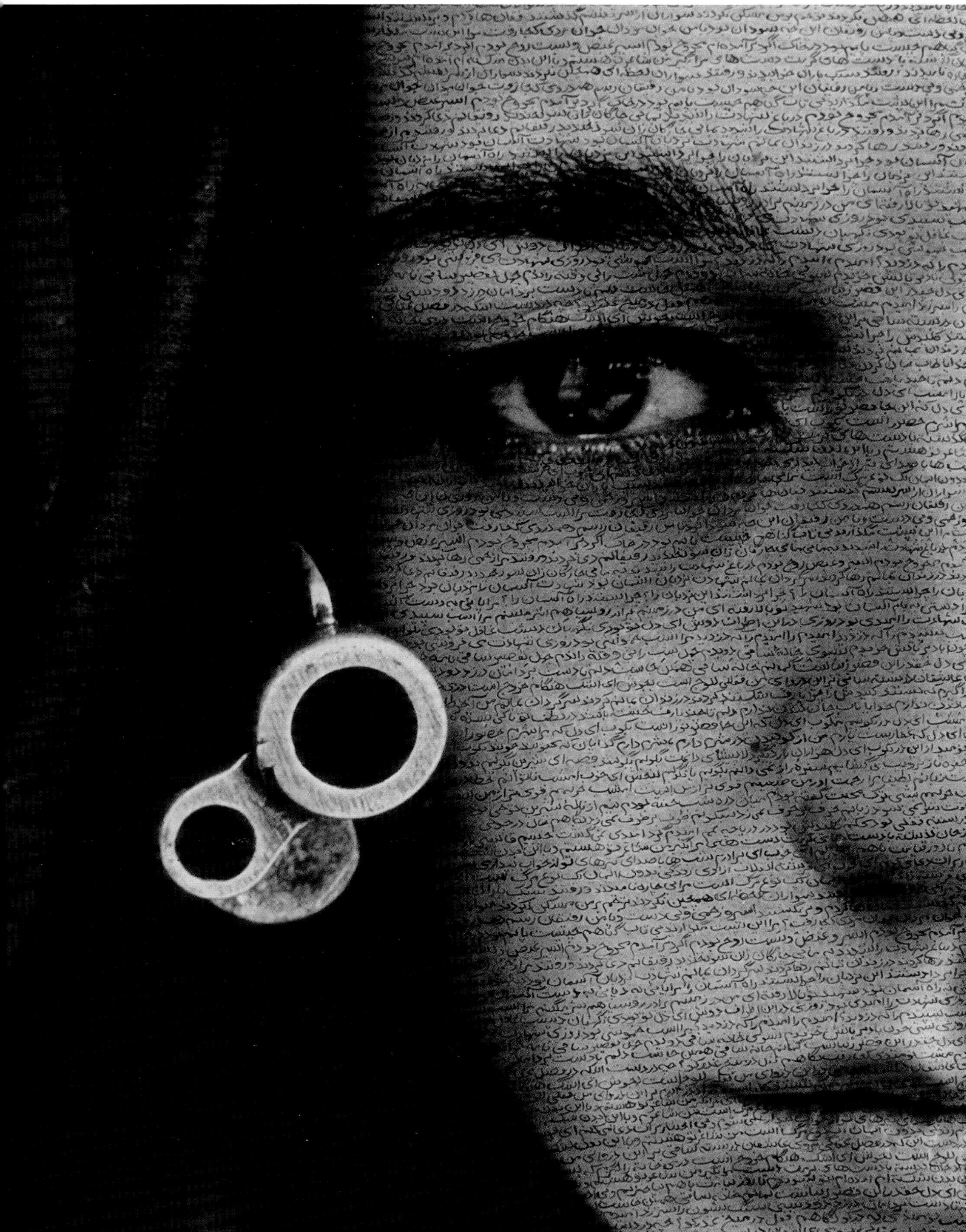

Speechless, (1996). RC baskı ve mürekkep | RC print and ink

THE HUMAN IN THE NO MAN'S LAND OF ART

HEINZ PETER SCHWERFEL

"

In the life of a man, his time is but a moment, his being an incessant flux, his sense a dim rushlight, his body a prey of worms, his soul an unquiet eddy, his fortune dark, his fame doubtful. In short: all that is body is as coursing waters, all that is of the soul as dreams and vapors, life a warfare, a brief sojourning in an alien land, and after repute, oblivion.

"

MARCUS AURELIUS (121-180)

A stone I died and rose again a plant;
A plant I died and rose an animal;
I died an animal and was born a man.
Why should I fear?
What have I lost by death?

JALAL AD-DIN MUHAMMAD RUMI (1207-1273)

WHAT DOES DEATH SIGNIFY: Is it the beginning or the end? Where is the truth: in this world or the next? Who rules over the Earth, who really knows the one, the true God? What man has the right to act as God's representative, to demand obedience of his fellow men in His name, to deprive others of their individual freedom and force them into prescribed roles? Dictate what is and is not divine right?

Anyone contemplating the work of Iranian-born artist Shirin Neshat will suddenly find their mind teeming with unanswered questions, pictures without a message, women without men. Her photos and videos often play against the background of an authoritarian regime, in a foreign environment, amidst veiled beauty and latent violence, traditional gender discrimination and individual freedom, hunger for rebellion and perpetual resignation. Yet, her art is never about religion itself. Shirin Neshat neither poses questions about God nor truth; she takes faith as seriously as unbelief. Metaphysical speculation does not interest her; she stands with both feet in the here and now, in the political present. And this reflects the conviction that we are never solely in control of our life on Earth, that our daily existence is controlled by the society in which we live. Nobody is free, not even artists – every person is a slave of his time, his upbringing, his culture. Of the system in which he lives.

Marcus Aurelius and Rumi: two quotations, two thinkers, two worlds. One was an imperial Roman ruler and philosopher impressed by stoic doctrine and who limited his meditations to the mortal corporeality of man, the other a mystic Sufi poet who put his trust in God and reincarnation. One represents the rational mind and scientific analyst who only wants to believe in what he personally experiences, the other the fervent resolve of a seeker of God, who in ecstasy and selfless love believes he is at one with his creator.

Although or precisely because a millennium lies between the two quotations, they provide a perfect example of the different approaches and convictions of two societies, two systems, two worlds – their confrontational clash creating a third world, namely art. Art as a battlefield of ideas, as trench warfare of ideological and religious powers, but also as a Utopian territory of reconciliation. Had Marcus Aurelius and Rumi known one another, been able to reach out their hands over the centuries, they may have disagreed, but they would no doubt have respected each other as thinkers philosophizing on the same subject: the human being as a plaything of existential powers.

Shirin Neshat's photographs and videos vibrate in their clash of systems that could not be more different. Allegorically, she describes the different constraints that two diametrically opposed worlds put on their inhabitants. She draws in black and white, placing us as an observer in the no man's land between the pictures. However, she does not take a stand – at least in her early videos – does not adopt a position in this war of systems. Neshat does not judge, she describes, yet she leaves no doubt as to where her sympathies lie: with the victims – those who are fettered and tormented by ideological, very mortal powers.

Far too much has been written about her seeming sentimentality, her feminism too overpoweringly erotic for Western taste, her elegant aesthetic. In Iran, her art is forbidden, in more tolerant Muslim countries, she is overlooked. Yet, in her artworks there are no spontaneous or even expressive outbursts of feeling, no militancy and no cheap effects, and at the same time no purely formalistic art for art's sake. All emotion is toned down by the austere way in which the stories are told, stories that always concern archetypes and not individuals. Every kind of pyschologizing is avoided – Shirin Neshat works with metaphors and allegories; she is wonderfully devout in her conciliatory humanism, yet uncompromisingly conceptual in her rhetoric. She uses art as an intellectual tool of analysis, a basis for debating the state of the world and its inhabitants against the background of her own biography. This goes beyond political support for the Green Revolution and admiration for the Arab Spring, focusing rather on two of the world's diametrically opposed systems today- one being the subjugation of the individual seen in Muslim fundamentalism, especially in Iran, and the other the cynical – almost to the point of human disdain – pseudo-liberal capitalism of the United States.

It is art that is of course not unrelated to the life story of the artist, her origin, upbringing and concerns. Born in Iran, Shirin Neshat left the Shah's regime for the USA while she was still a teenager in 1975, first completing an art degree at the University of Berkeley in California and later moving to New York in the mid-1980s. It was only after the shock she experienced on her first journeys back to her country of birth, ruled since the 1979 by the leaders of the Islamic Revolution, that she started developing her photo series *Women of Allah* from 1993, which earned her international acclaim: large-format black and white pictures, veiled women holding weapons - their calligraphy-covered faces bearing not Sura from the Koran but copied verses in Farsi from contemporary poetry. These women, among whom she also appears, are neither feminine war machines nor religious valkyries - and their body language and open gaze, despite the veil, awaken the curiosity of the viewer. The photographs are unusual, new, not easy to place; they appear mysterious and menacing at the same time, emotional and analytical, mixing the female desire for freedom with the belligerent decisiveness of the - then still exclusively male - Islamic martyrs.

This mixture of emotion and concept, formal discipline and ambiguous message is also seen in Shirin Neshat's first video work *Turbulent* (1998). Two screens hang opposite one another. On one, there is a man, simply dressed in a white shirt and black trousers, his back to the camera.

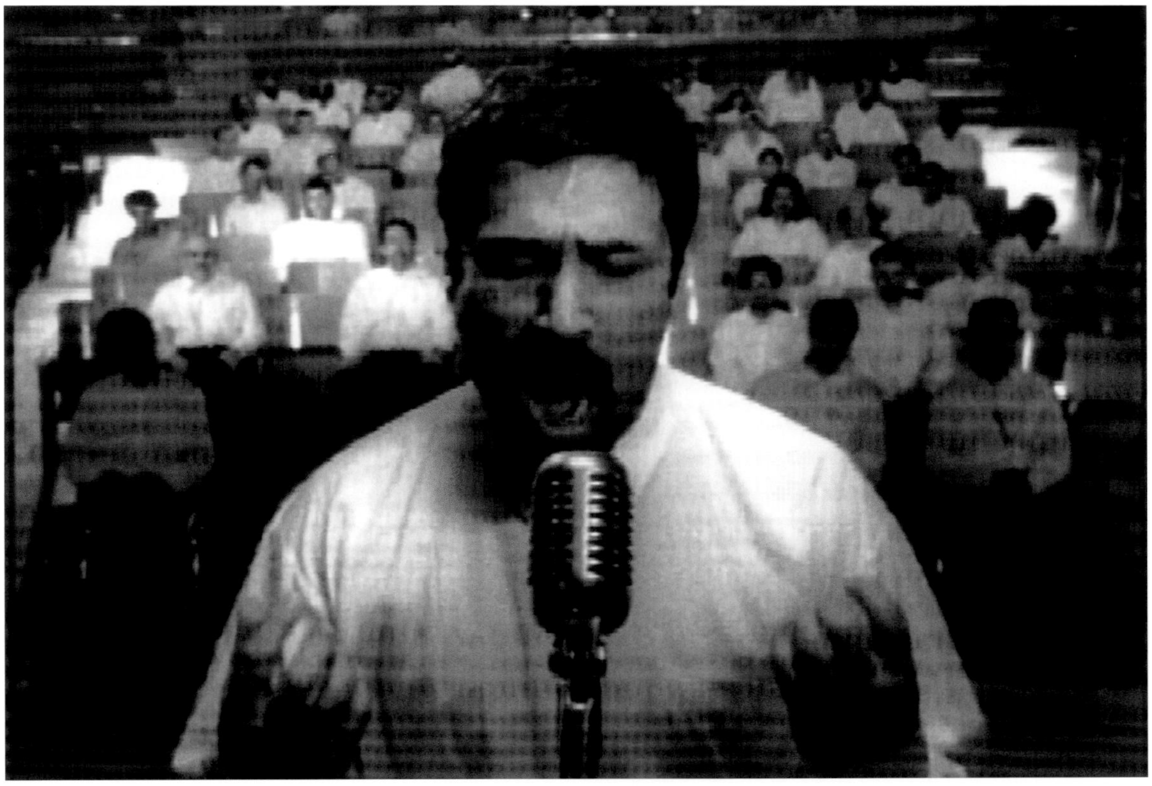

Turbulent, (1998). Prodüksiyon görselleri | Production stills

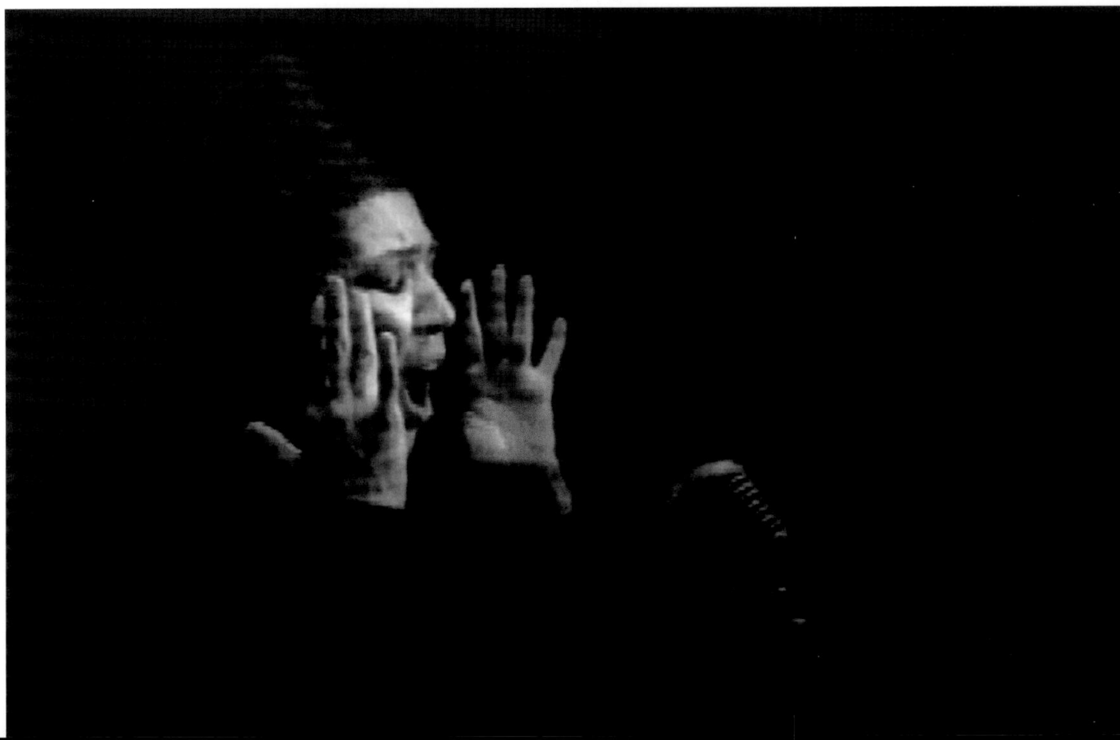

He is standing in front of a totally male audience and singing a tantalizing love song. The man's voice belongs to Sharam Nazeri, a famous Kurdish-Iranian singer; the text is by Rumi, the poet, whose name belies his Anatolian homeland. Even today, the tomb of Rumi alias Mevlana in Konya, where he lived and then died in 1273, remains a shrine visited by many pilgrims, and his poems are available as an app for smart phones.

After the singer in *Turbulent* bows in appreciation of the applause he receives, he turns to look expectantly – and with respect – at the back of a veiled woman, who then also begins to sing. However, the melody is not in the conventional form of a traditional song -it is more of an intonation with her voice, free improvisation, breaking through all harmony, rhythmically accompanied by ululating sounds. She first turns her back to the camera and the man on the other screen, but then the camera begins to revolve around her. We discover her face and her sensual aura. She – the New York-based Iranian musician Susann Deyhim – becomes as expressive as her music, breaking through the stiff templates of traditional songs in the same way as the liberated camera.

Ecstasy is one of the keywords used to describe Shirin Neshat's early works. It is not ecstasy in the Western sense of drugs, delirium or sexuality, but in the sense of mystic traditions, a trance-like state of self-discovery that leads to truth and perception. The woman is in a position to set out along the path to the self-discovery and emancipation denied her by the ruling authorities in religion and society -if she wishes to do so. The man on the other hand is not really in a position to do so; he does not have, or so it would seem, the necessary talent. Nor does he have the courage. He remains imprisoned in the social role he has been forced to assume and that although he is singing a poem by Rumi, the poet of ecstatic self-discovery. Rumi founded the Mevlevi order of dancing dervishes who whirl in ecstatic devotion, while their billowing robes assume geometric shapes. The strict format of these dances is mirrored in Shirin Neshat's aesthetic approach, which is ornamental, embedded in the Islamic tradition, by not being representational and remaining abstract. We see this in the calligraphy-covered skin of the *Women of Allah*, which becomes the screen and projection area, but also in the camera work, colors and carefully composed visualization underlining the importance of choreographed movement in her second large video *Rapture* (1999).

Rapture also focuses on the confrontation of two strictly divided worlds: On one screen, we see a group of men always moving together in a close group, who were filmed inside a Moroccan fortress. The monumental architecture with its geometric stone shapes, walls, arches and gates emphasizes the men's restricted freedom. On the opposite screen, women in freely flowing groups and on an open terrain can be seen sometimes scraping at the ground with their bare hands or sometimes ululating in traditional style. Eventually, the women carry the boat to the beach and put it in the sea. Some of them set off towards an unknown fate, while the others sacrifice their own desires and stay behind -another play on the ability of women to martyr themselves for others.

Both video installations – like the third part of this early trilogy of contrasting, incompatible worlds entitled *Soliloquy* (1999) – do not resort to the spoken word. Instead, music is used as an important dramaturgical and emotional element. *Turbulent* is inspired by something Shirin Neshat experienced in Istanbul when she came across a young blind woman on a street corner who sang with a loud piercing voice although she could not see the people around her. There is something rather improper about starring at someone who is blind, and in Iran women are not allowed to sing in public. That is why the amphitheater in front of the woman singing in *Turbulent* had to be empty and she had to stay alone -the male singer listens to her, but from another world.

Music as an allegory for liberation and self-realization also plays an important role in Shirin Neshat's latest video *OverRuled* (2012). In front of a court, which begs comparison with portrayals of Christ's last supper, a judge – who also appears to be a priest – and his companions at the table are deciding the fate of a man and woman whose faces are projected on the left and right of the picture. This time the man is the one making music and thus emancipating himself from authority while the woman declares her love to him citing Rumi's verses. The story is based on the historic court case of the Sufi dervish Mansur Al-Hallaj, who was condemned in the tenth century for alleged blasphemy and publicly executed. The film is the recording of a – longer – theater performance for the New York Festival Performance.

Poetry and music: two tools that appeal to the viewer's feelings and which seem to contrast with the conceptuality and formal austerity of the video. But it is precisely this contrast that explains the irresistible fascination of Shirin Neshat's works. Contradiction and incomprehension become trump cards in her work: the armed woman as a sensual warrior of God, the disciplined man as a seemingly dominant victim of the role society has assigned him, the female singer with her dynamic improvisation as a self-liberating individual without an audience. We do not understand the hand-scribed poems in Farsi any more than we understand the grim speech of the man preaching in the *Fervor* (2000) video. How will the Turkish audience react when Shirin Neshat's works are shown for the first time in a one-person exhibition in an Islamic country? Will her hope be fulfilled that the artist's ingenuous directness will be understood by the audience?

The reduction of individual psychology to its essence and its pairing with emotionality and formal contrast is not always comprehensible to the Western art scene. We are used to contemporary art being composed in codes that we know how to break thanks to our knowledge of art history. Shirin Neshat overrides these codes when she falls back on her Persian culture of nuances, political incorrectness, when she contradicts Western feminism and shows a wonderfully aesthetic inaccuracy, which despite its political theme dares to indulge in beauty.

It is a beauty in the style of a human portrait, which is seemingly inconsistent with its serious theme and amplifies the photograph into a painting. In her new series, the "Mourners", which is being premiered in Istanbul, Shirin Neshat shows people who are radiant in their grief. It is a tribute to the martyrs of resistance, regardless whether they fought against the Mullahs, the Gaddhafis, Tunisia's Ben Ali or Egypt's Mubarak. The "Mourners" belong to the series *The Book of Kings*, allegorical portraits of groups from a social uprising, the "Villains", "Patriots" and "Masses". This series of works was inspired by the poet Ferdowsi. He lived in the eleventh century and extolled the capture of Persia by the Arabs 400 years before in his epic poem *Shahnameh*. Recorded in the poverty – stricken district of Cairo after the – lost?-Egyptian battle for more freedom and democracy, the portraits of the "Mourners" are reminiscent of the famous Fayoum portraits, the wooden death masks created to accompany the dead pharaohs until their reincarnation and which, even today, continue to stare at us with their dark eyes, as if they are looking straight through us. As if they are the only ones to know in their ecstatic and at the same time resigned grief where the truth lies - in this world or the next.

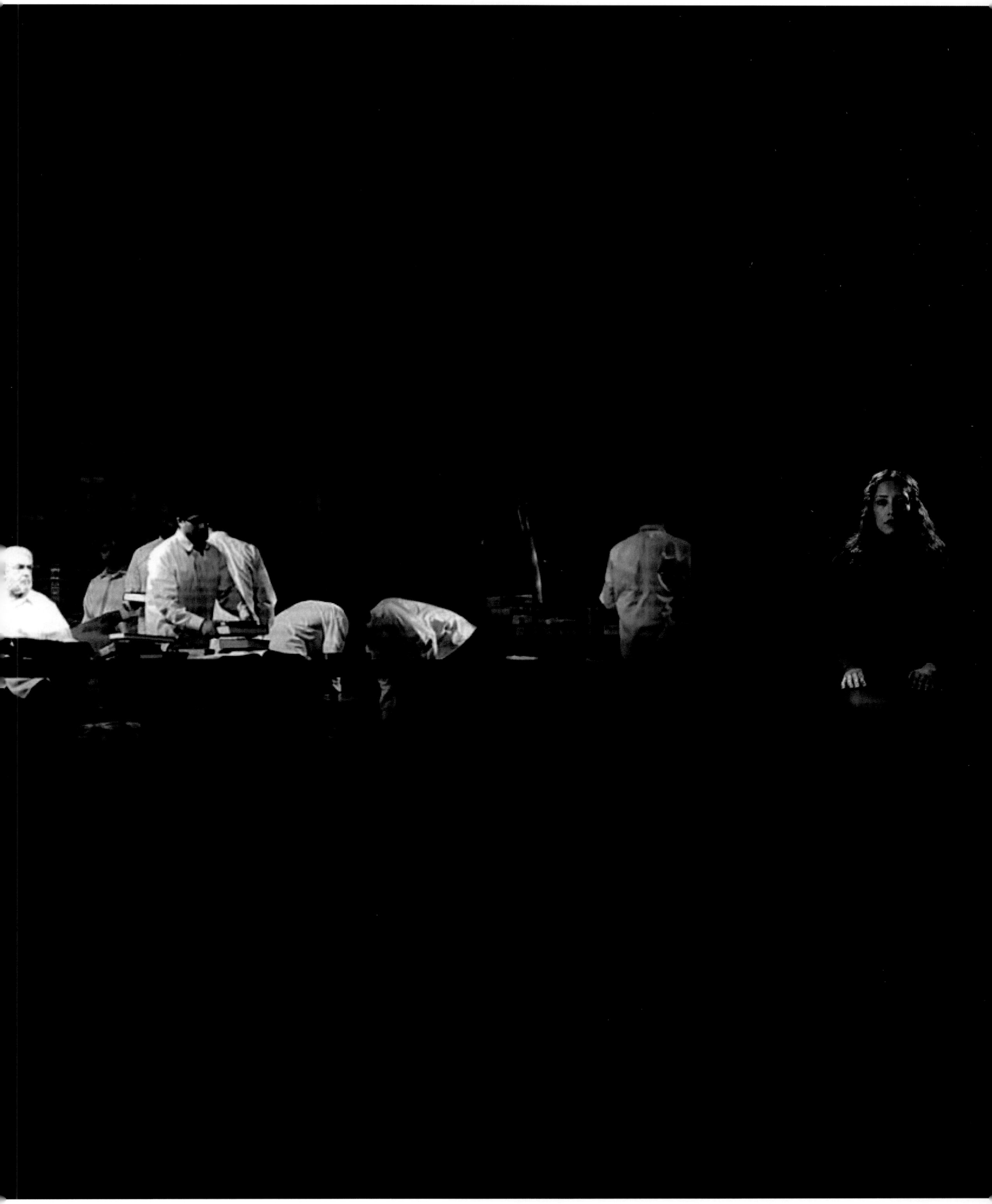

OverRuled, (2012). Prodüksiyon görseli | Production still
Üç kanallı video enstalasyonu | Three-channel video installation
Süre | Duration: 10' 15 ''

Öylesine karanlık bir geceyim ki aya kızgınım.
Öylesine çırılçıplak bir yoksulum ki padişaha öfkelenmişim.

O eşsiz, tek güzel lûtfediyor da eve çağırıyor beni; fakat bir bahane bulmuşum, yola da kızmışım, yolculuğa da.

Sevgilim inada girişse, nazlansa, beni kederlere atsa, kararsız bir hale getirse de gene de ah etmeyeceğim, aha da kızgınım çünkü.

Gâh altınlarla aldatır beni, gâh mevkiyle, gâh orduyla.
Ondan altın istemem ben, mevkiye de kızgınım zaten.

Öylesine bir demirim ki koskoca mıhladızdan kaçıyorum.
Bir saman çöpüyüm amma âlemin mıhladızına öfkelenmişim.

Öyle bir zerreyiz ki dört unsura da isyan ettik, beş duyguya da, altı cihete de.
Zaten beş, altı dediğin de nedir? Tek Allah'a bile kızgınım ben.

Bu söze dayanamazsın sen, çünkü suyun dışındasın; bana gelince:
Güneşe benzeyenlere bile neden benziyorlar diye öfkelenmedeyim.

MEVLANA CELALEDDİN RUMİ (1207-1273)

Farsça orijinalinden Türkçe'ye çeviri | *Translation from the Farsi original into Turkish:* Abdülbaki Gölpınarlı

I am the black night who raged against the moon;
I am the naked beggar who raged against the King.

He the Singular in His Munificence summoned me home;
Offering excuses, I raged against the way.

If my beloved rebels, if sorrow robs me of peace,
Not a sigh escapes me, for I rage against sighs.

Once he tempted me with gold, once with rank,
I fled from gold like the rising sun, I raged against rank.

Iron though I am, I shun the great magnet;
A mere straw, I evade the amber of the universe.

I am a particle, rebel to the four, five and six;
What is four, five and six, when I raged against God?

You cannot take this, because you are not in the water;
If you just look like the sun, I raged against the lookalikes.

JALAL AD-DIN MUHAMMAD RUMI (1207-1273)

Farsça orijinalinden Ingilizce'ye çeviri | *Translation from the Farsi original into English:* Iraj Anvar

Ahmed *(Mourners)*, *The Book of Kings* serisinden | from *The Book of Kings* series, 2013
C-Print ve mürekkep | C-Print and ink
62 1/8x40 1/4 inches (157.8x102.2 cm)

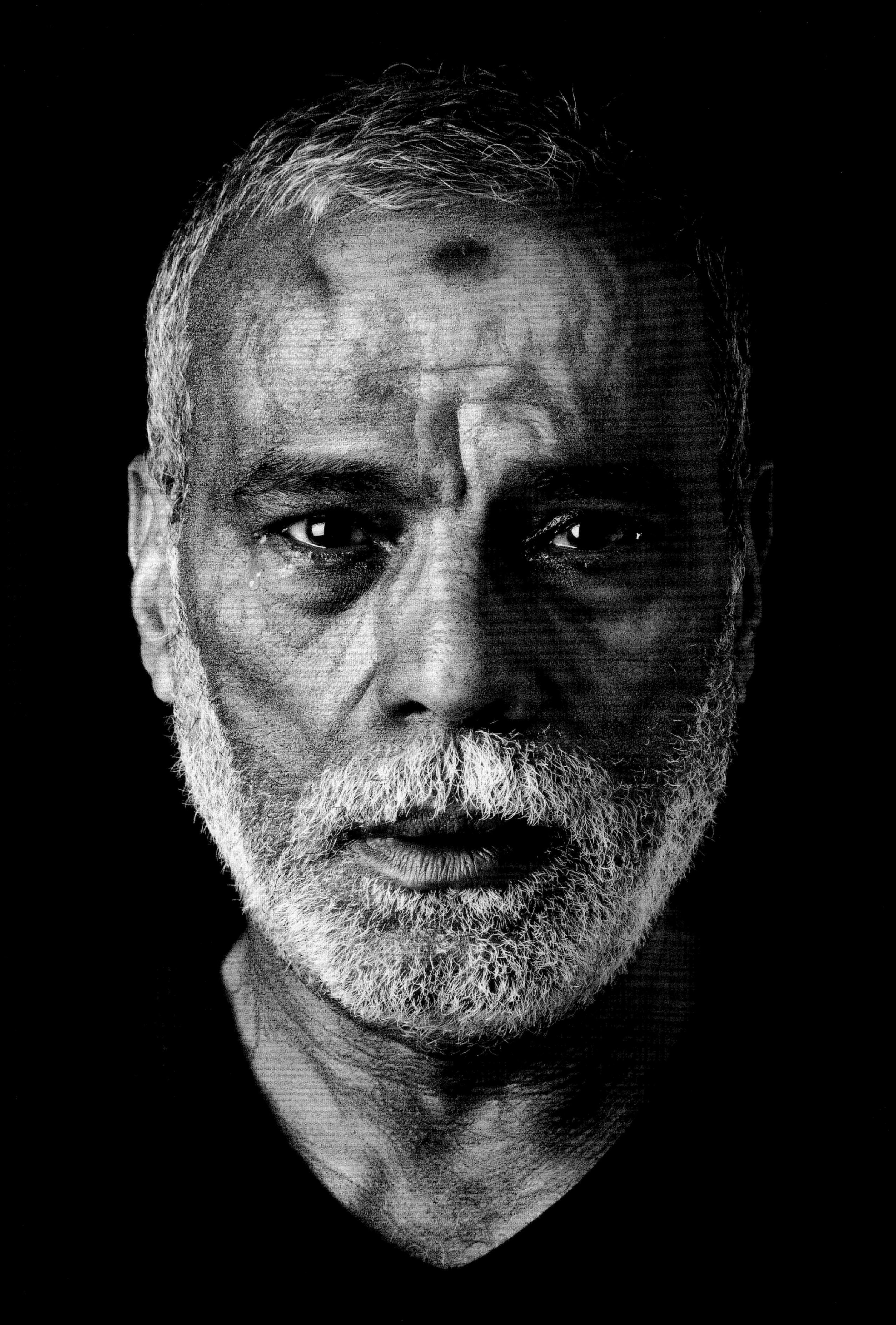

Fathy *(Mourners)*, *The Book of Kings* serisinden | from *The Book of Kings* series, 2013
C-Print ve mürekkep | C-Print and ink
62 1/8x40 1/4 inches (157.8x102.2 cm)

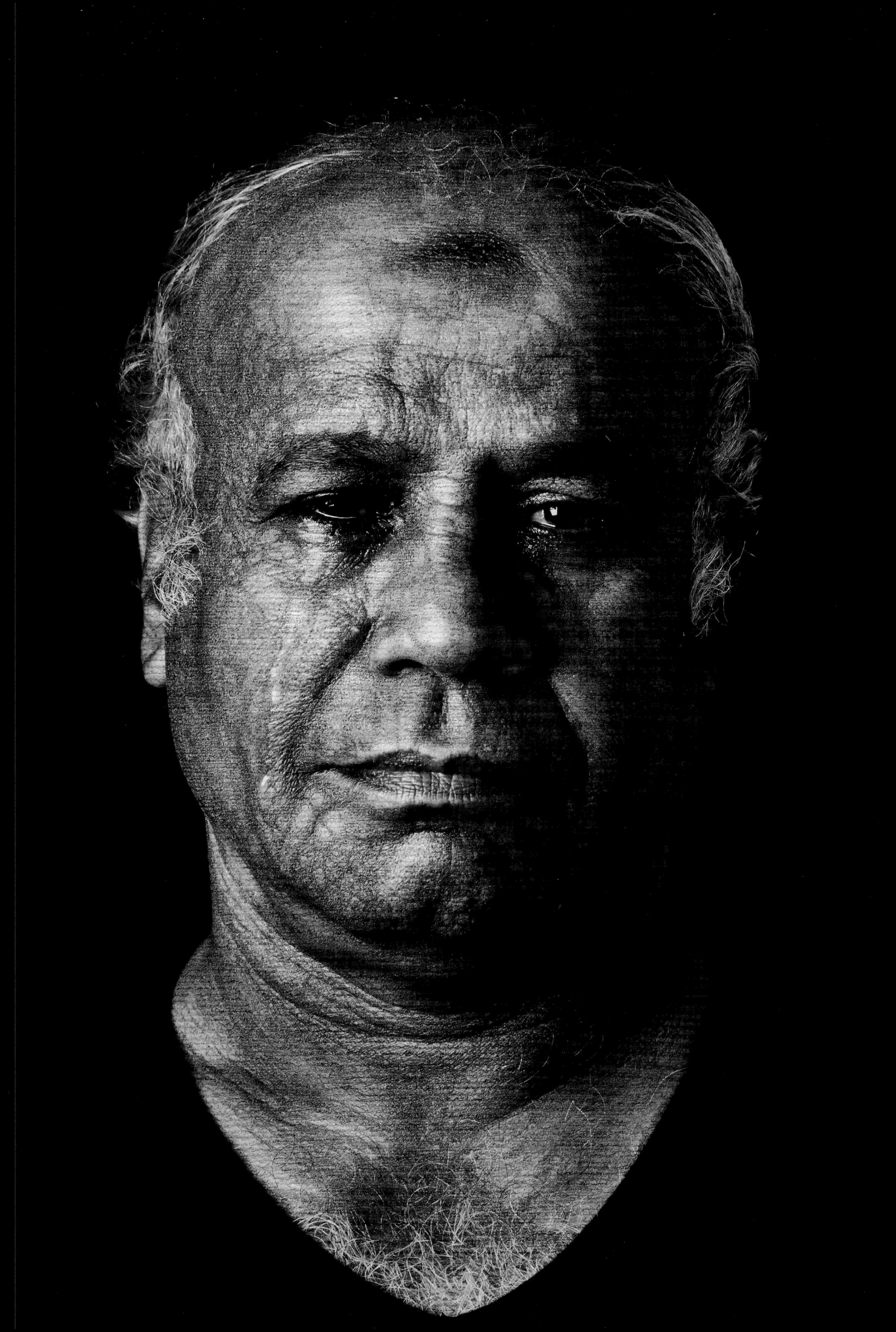

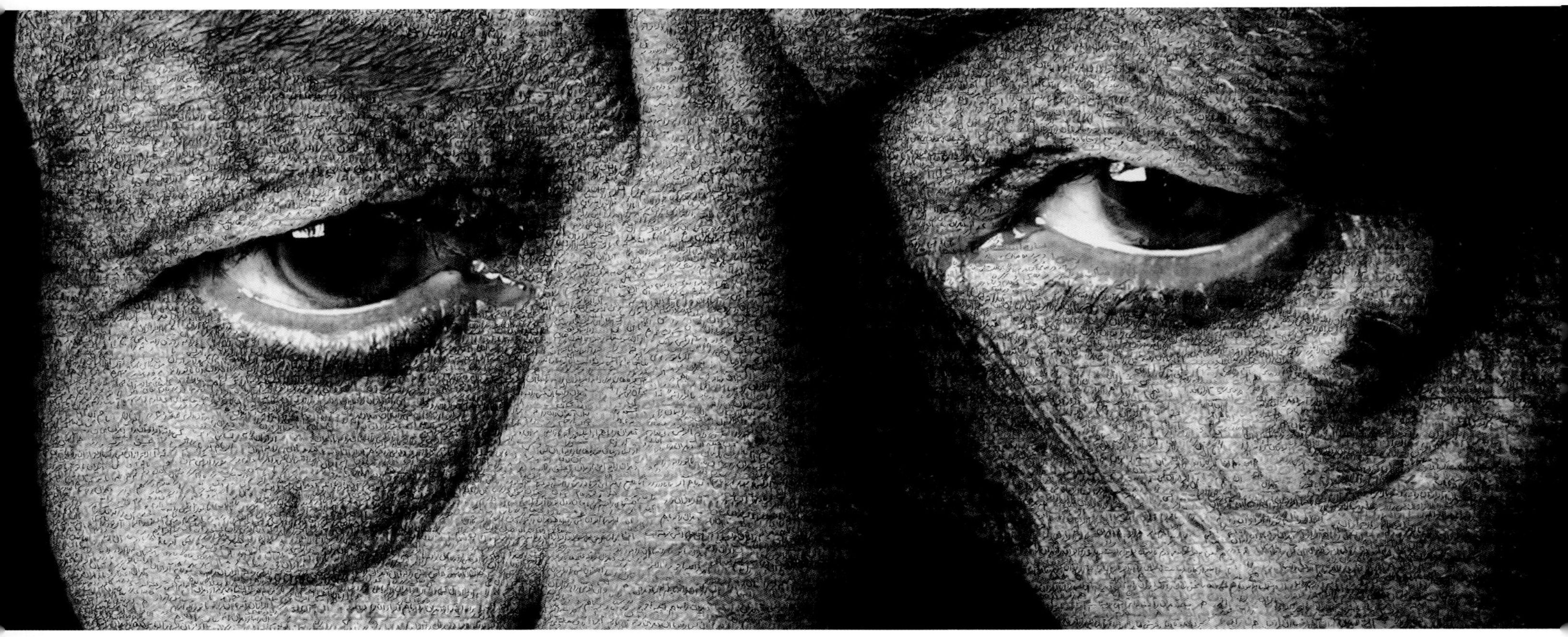

Fatenn *(Mourners)*, *The Book of Kings* serisinden | from *The Book of Kings* series, 2013
C-Print ve mürekkep | C-Print and ink
62 1/8x40 1/4 inches (157.8x102.2 cm)

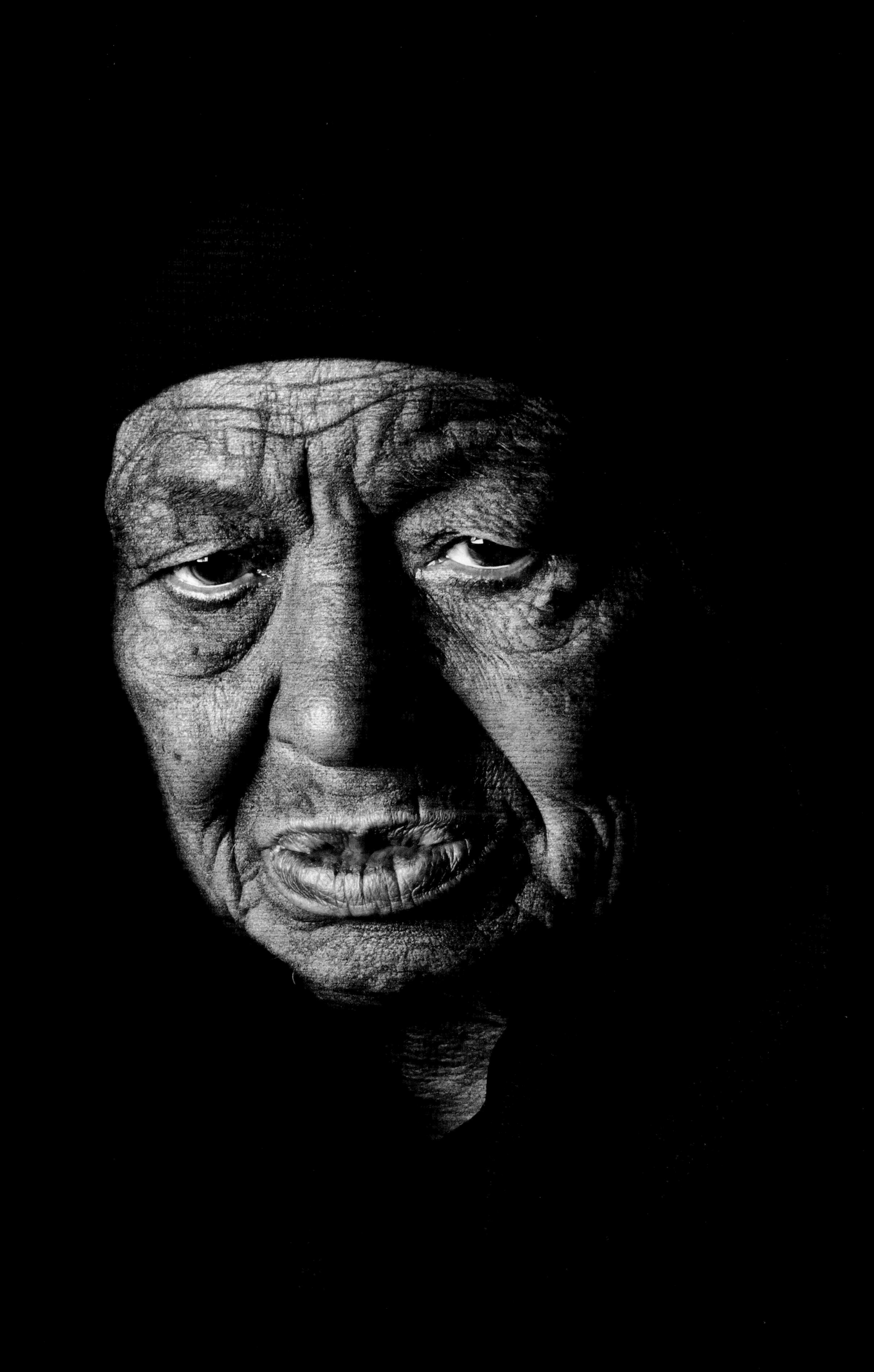

24

Wafaa *(Mourners)*, *The Book of Kings* serisinden | from *The Book of Kings* series, 2013
C-Print ve mürekkep | C-Print and ink
62 1/8x40 1/4 inches (157.8x102.2 cm)

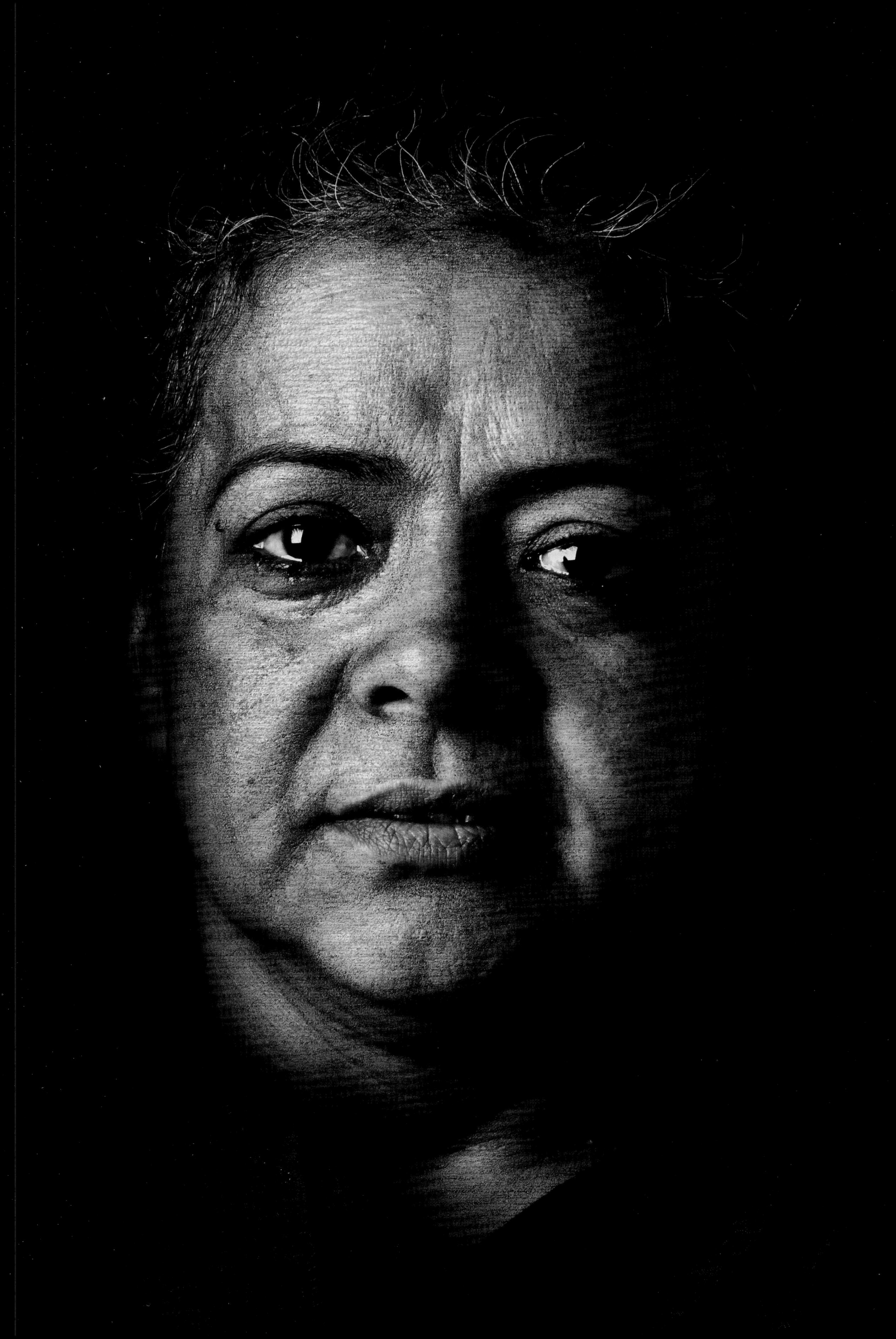

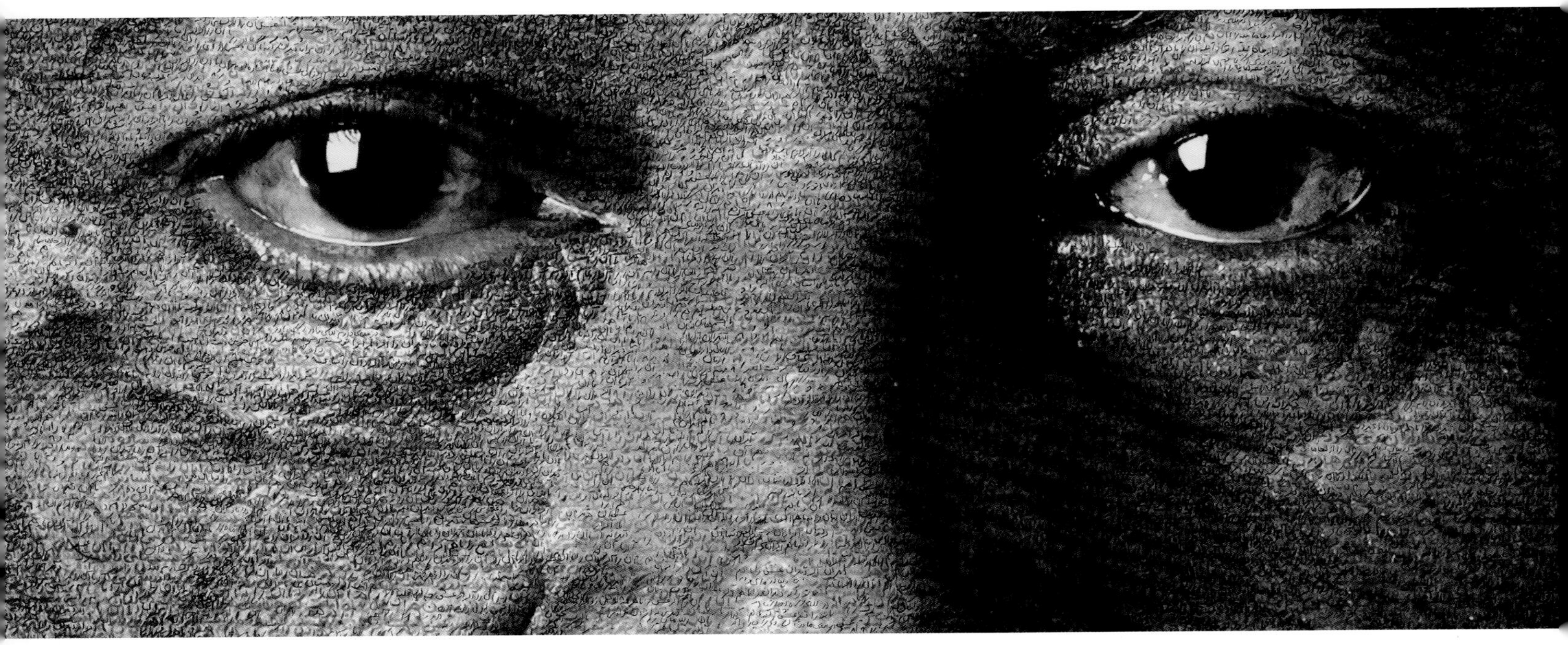

Saleh *(Mourners), The Book of Kings* serisinden | from *The Book of Kings* series, 2013
C-Print ve mürekkep | C-Print and ink
62 1/8x40 1/4 inches (157.8x102.2 cm)

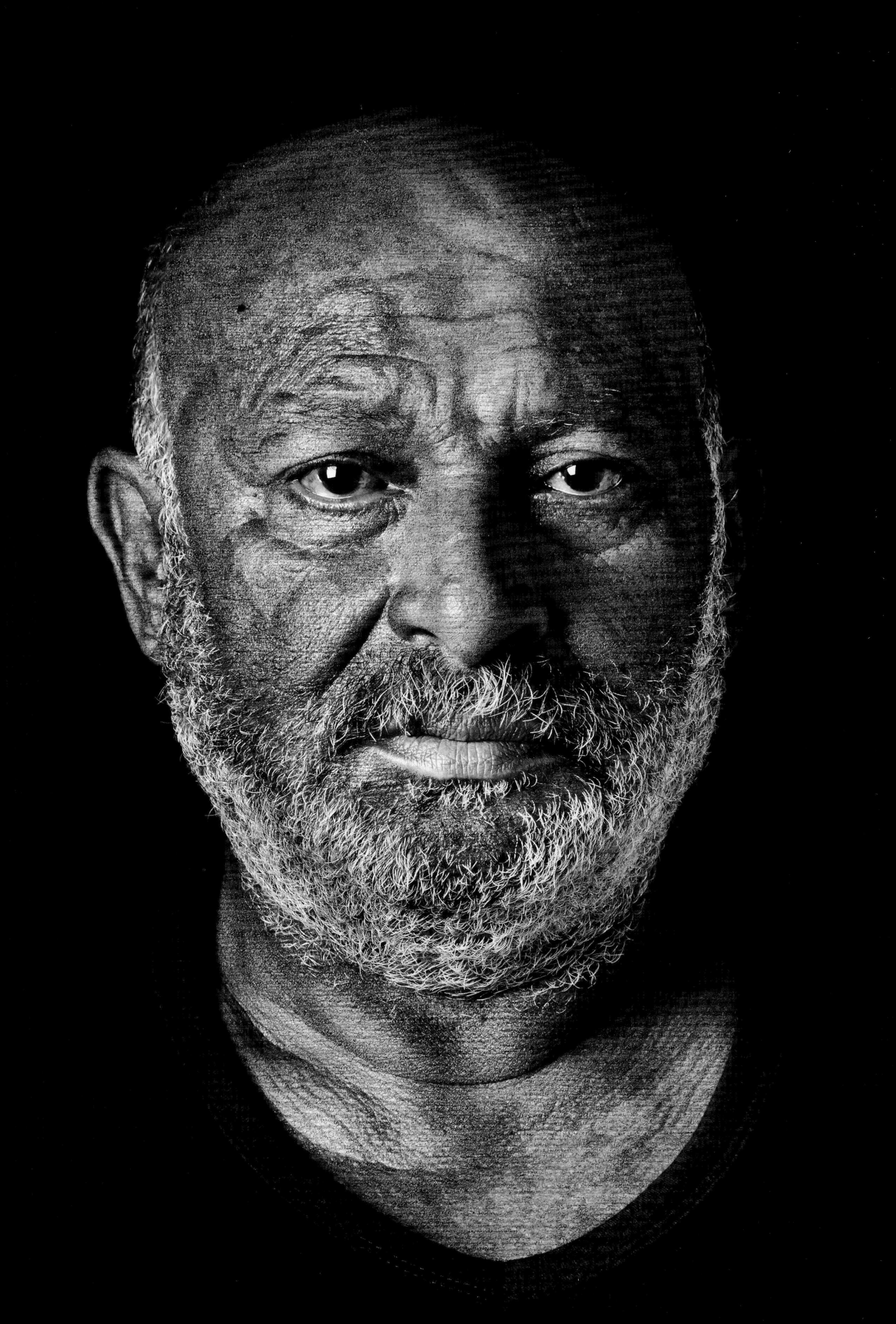

Karim *(Mourners)*, *The Book of Kings* serisinden | from *The Book of Kings* series, 2013
C-Print ve mürekkep | C-Print and ink
62 1/8x40 1/4 inches (157.8x102.2 cm)

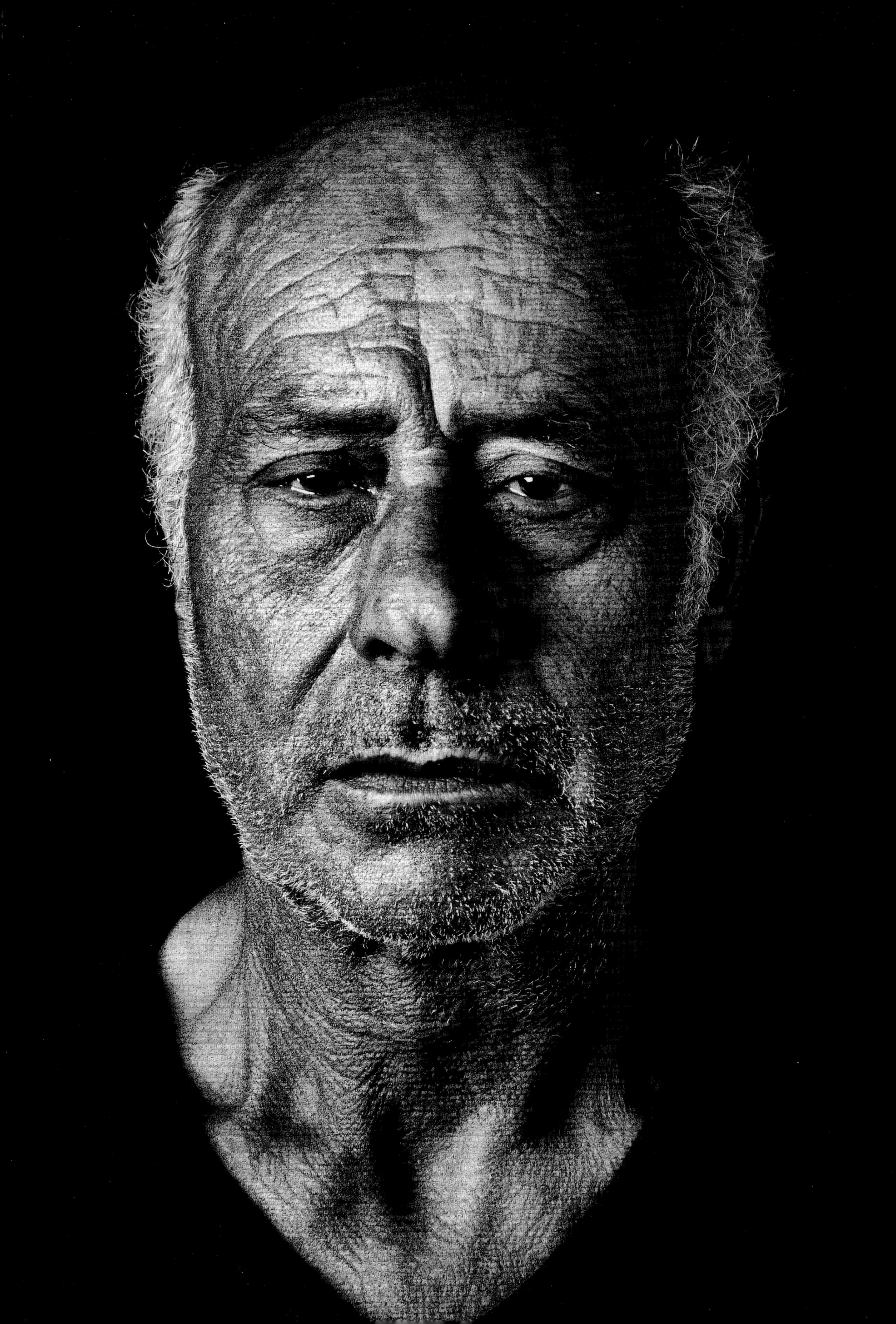

Souad *(Mourners)*, *The Book of Kings* serisinden | from *The Book of Kings* series, 2013
C-Print ve mürekkep | C-Print and ink
62 1/8x40 1/4 inches (157.8x102.2 cm)

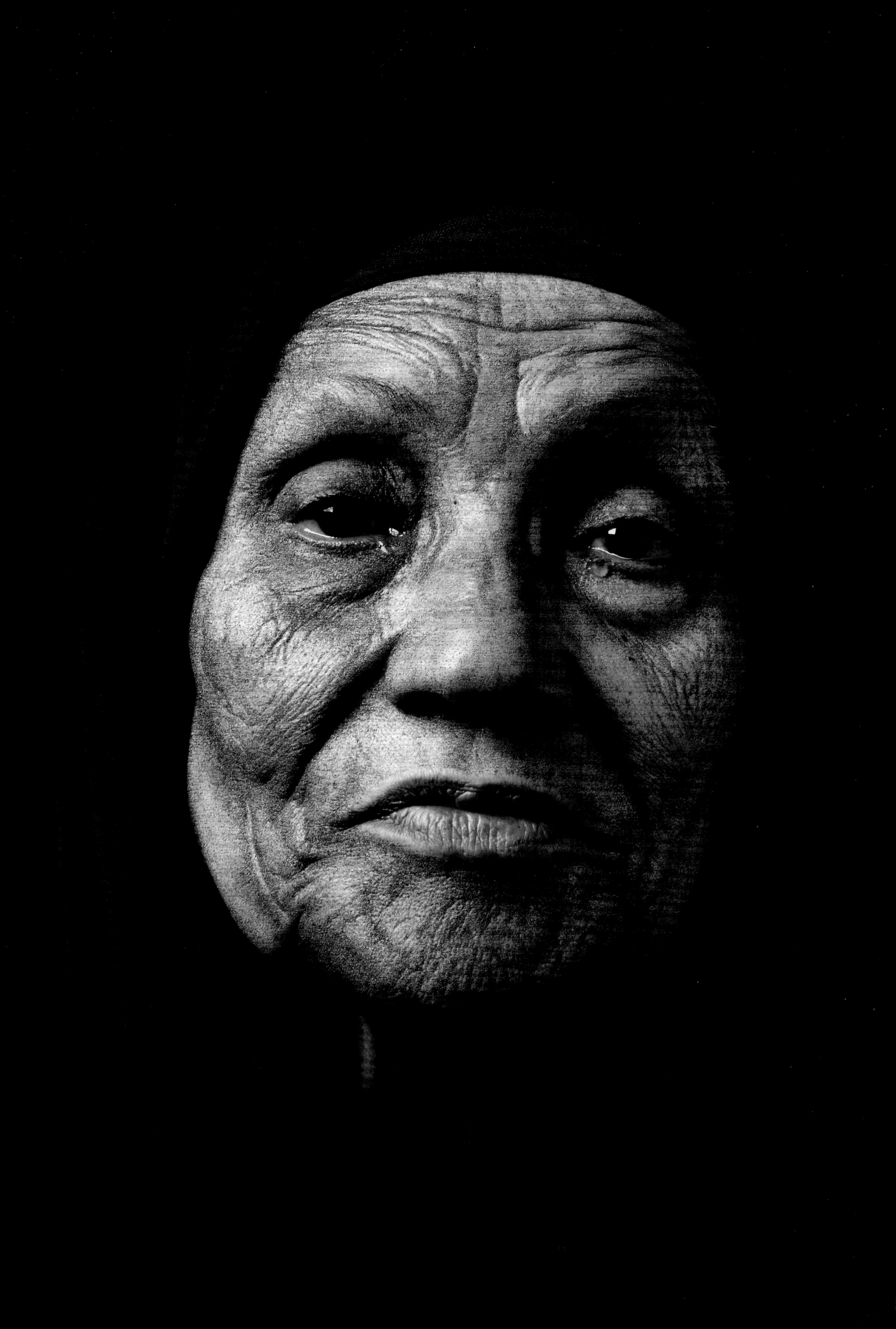

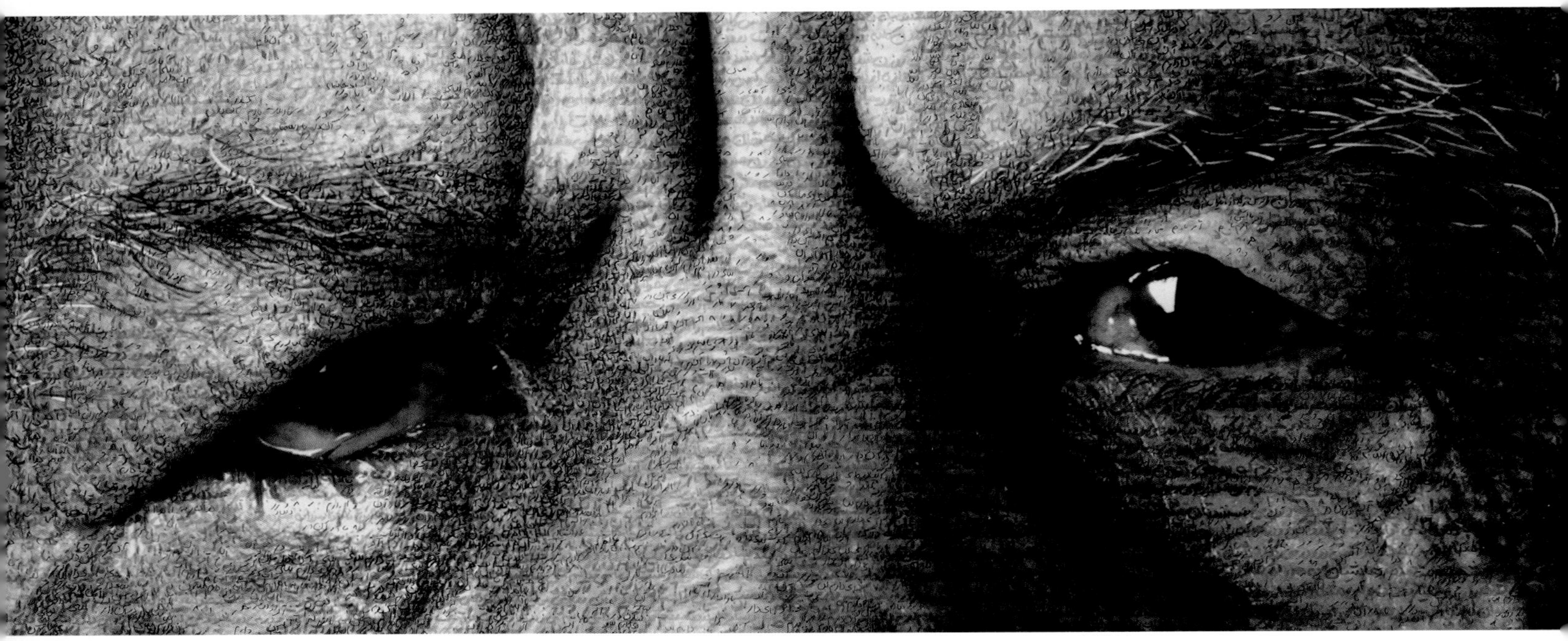

Mahmoud *(Mourners)*, *The Book of Kings* serisinden | from *The Book of Kings* series, 2013
C-Print ve mürekkep | C-Print and ink
62 1/8x40 1/4 inches (157.8x102.2 cm)

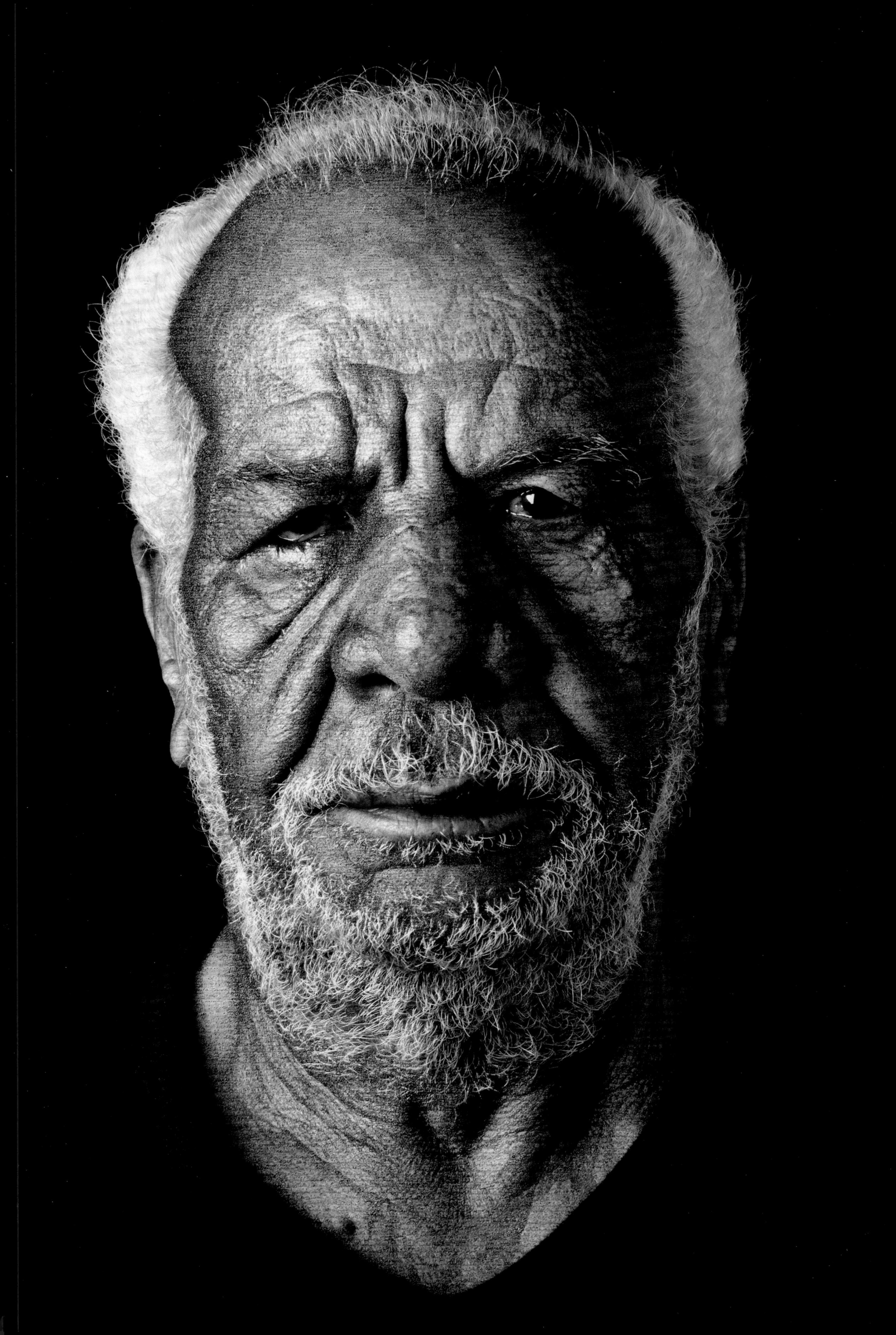

Nady *(Mourners)*, *The Book of Kings* serisinden | from *The Book of Kings* series, 2013
C-Print ve mürekkep | C-Print and ink
62 1/8x40 1/4 inches (157.8x102.2 cm)

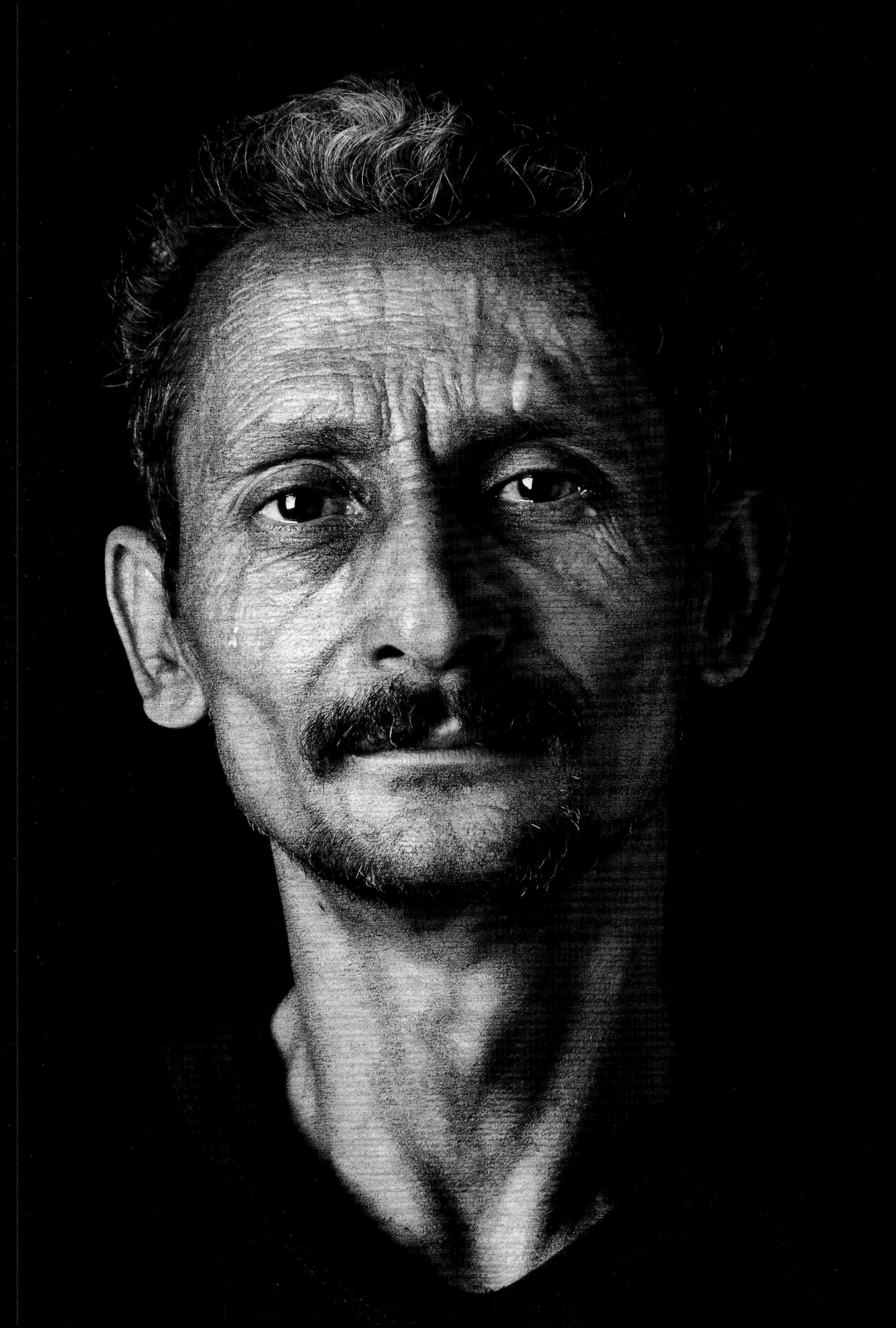

Jamal *(Mourners)*, *The Book of Kings* serisinden | from *The Book of Kings* series, 2013
C-Print ve mürekkep | C-Print and ink
62 1/8x40 1/4 inches (157.8x102.2 cm)

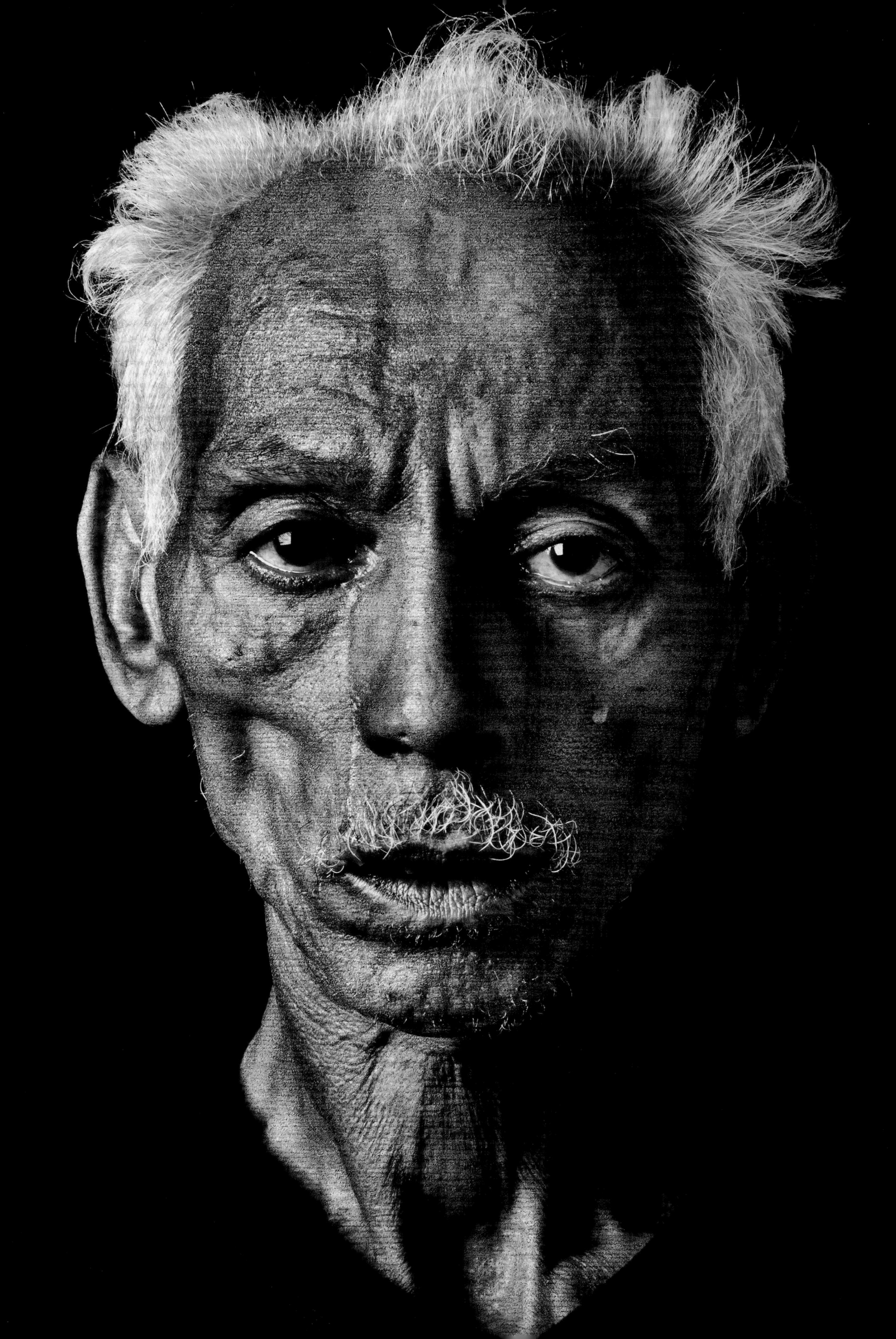

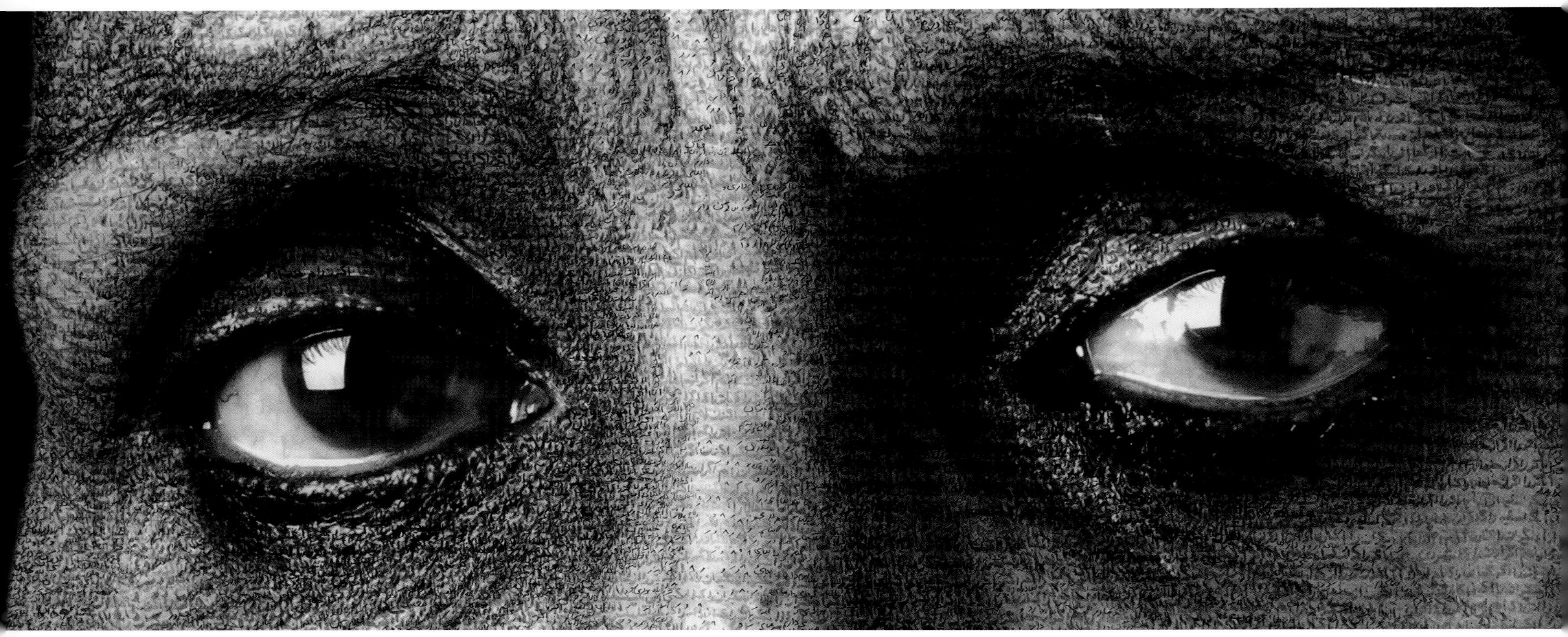

Ghada *(Mourners)*, *The Book of Kings* serisinden | from *The Book of Kings* series, 2013
C-Print ve mürekkep | C-Print and ink
62 1/8x40 1/4 inches (157.8x102.2 cm)

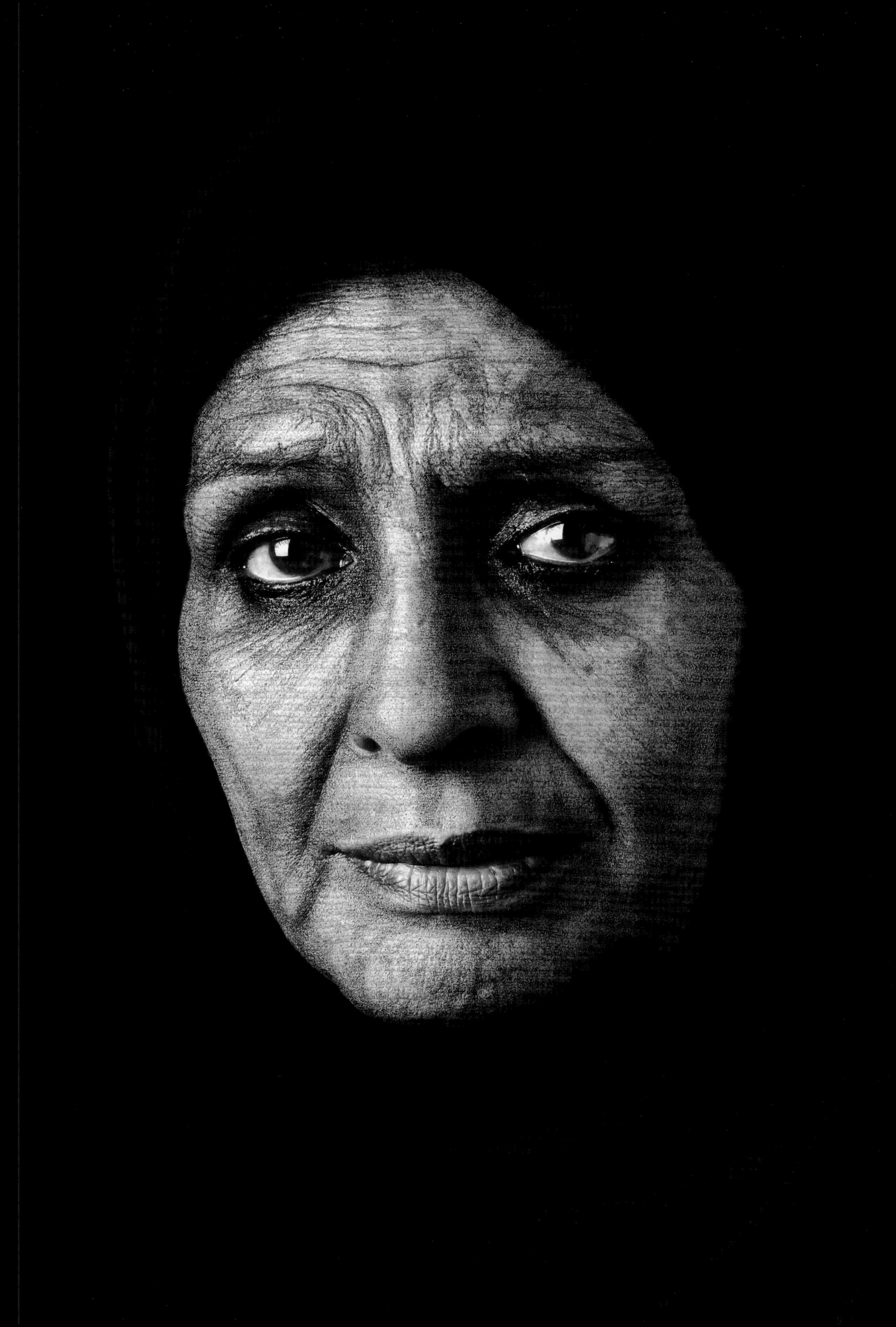

Sayed *(Mourners), The Book of Kings* serisinden | from *The Book of Kings* series, 2013
C-Print ve mürekkep | C-Print and ink
62 1/8x40 1/4 inches (157.8x102.2 cm)

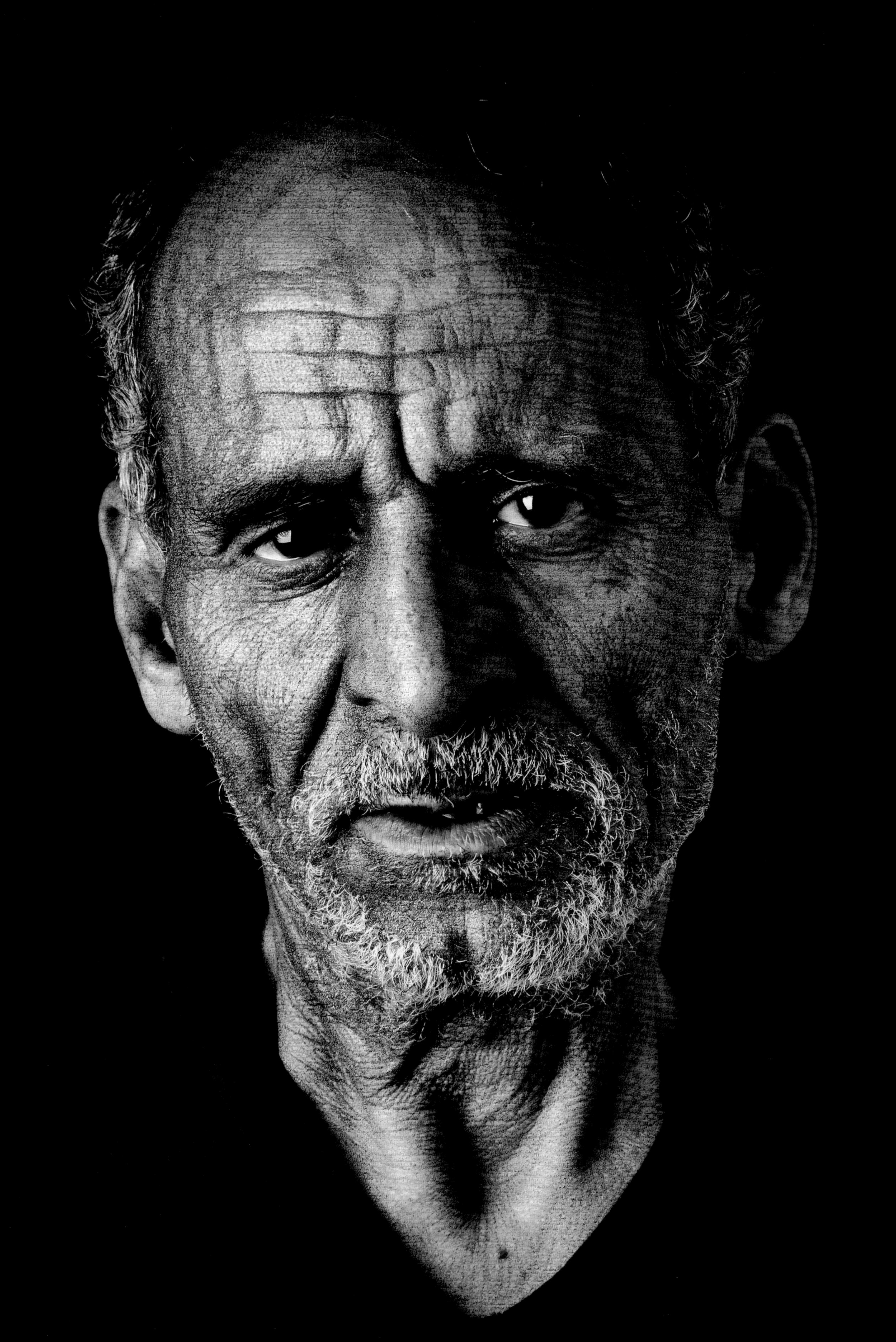

Mona *(Mourners)*, *The Book of Kings* serisinden | from *The Book of Kings* series, 2013
C-Print ve mürekkep | C-Print and ink
62 1/8x40 1/4 inches (157.8x102.2 cm)

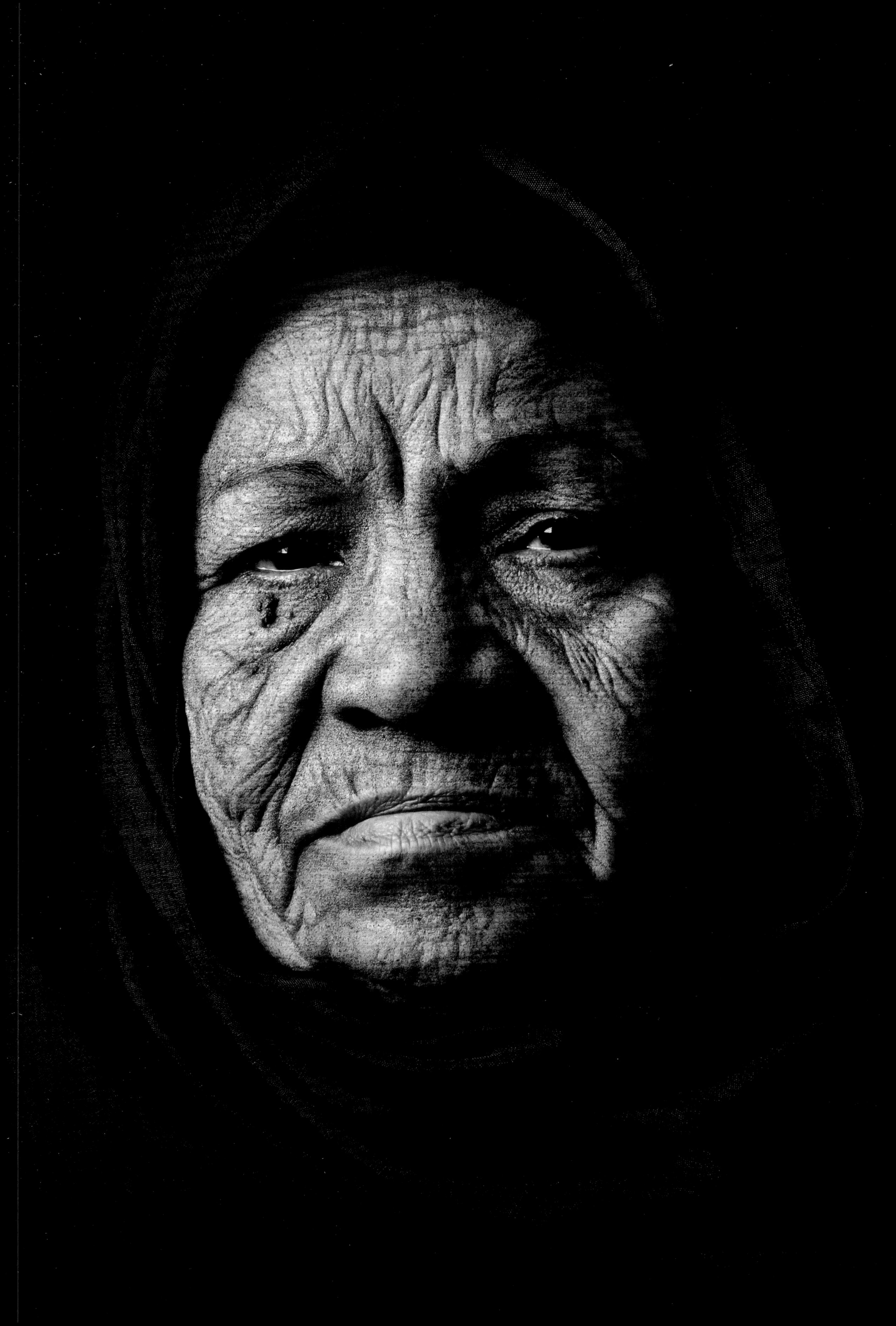

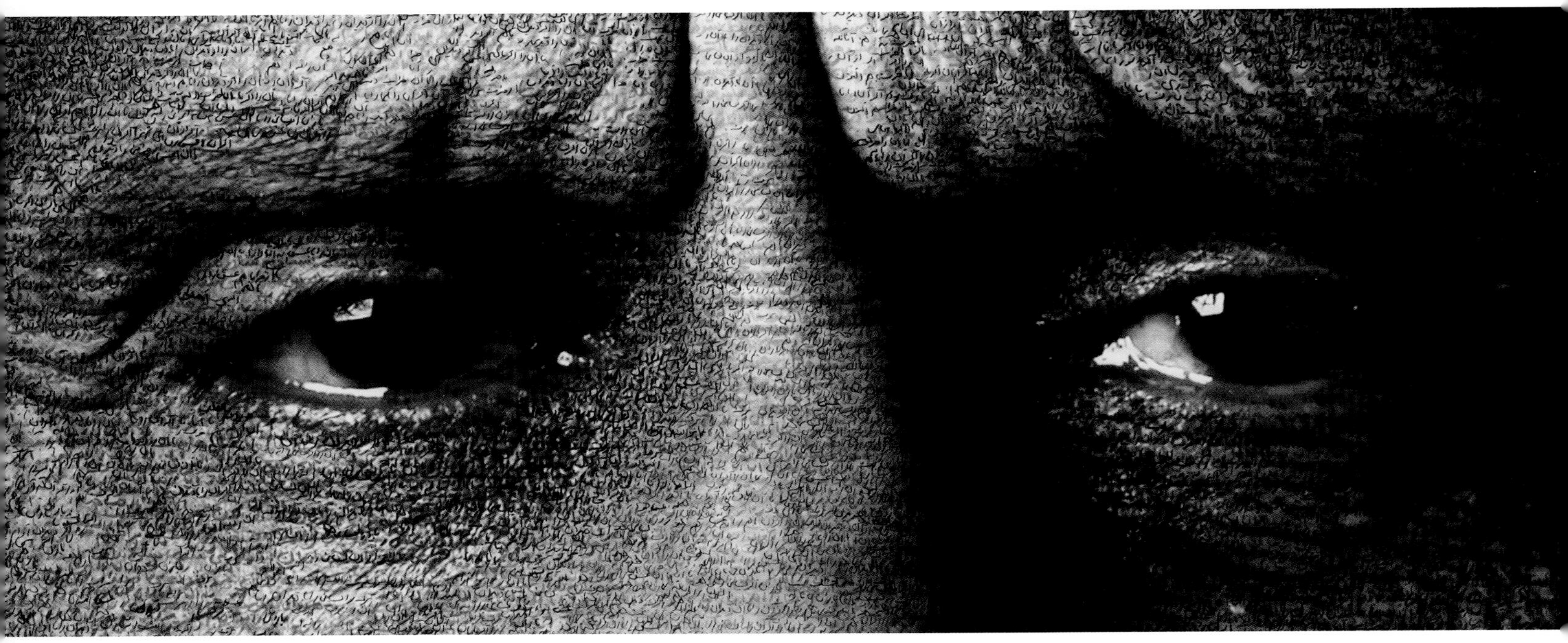

Mohammed *(Mourners), The Book of Kings* serisinden | from *The Book of Kings* series, 2013
C-Print ve mürekkep | C-Print and ink
62 1/8x40 1/4 inches (157.8x102.2 cm)

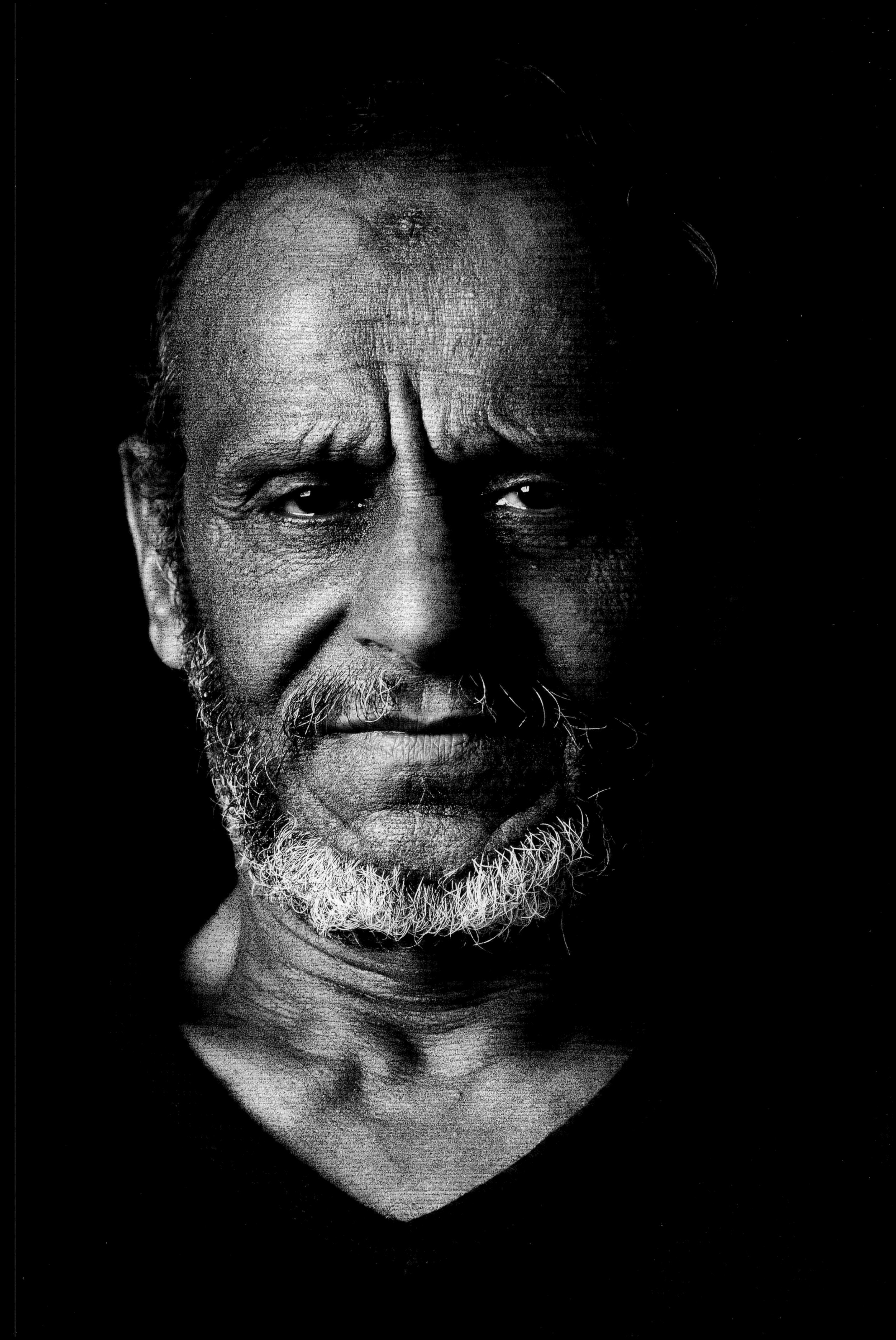

Kazvin, İran doğumlu (1957).
New York'ta yaşıyor ve çalışıyor.

ÖDÜL & BURSLAR

2009 Gümüş Aslan Ödülü, 66'ncı Venedik Film Festivali
Barış için Sinema Özel Ödülü, Hessischer Filmpreis, Almanya

2008 Rockefeller Vakfı Medya Sanatları Üyeliği, New York, ABD
Kültürel Başarı Ödülü, Asia Society, New York, ABD

2006 Lillian Gish Ödülü, New York, ABD

2005 Hiroshima Sanat Ödülü, Hiroshima City Museum of Art, Hiroshima, Japonya

2003 ZeroOne Ödülü, Universität der Künste, Berlin, Almanya
Güzel Sanatlar Ödülü, Heitland Vakfı, Celle, Almanya

2002 Görsel Sanatlar için Infinity Ödülü, International Center for Photography, New York, ABD

2000 Grand Prix, Gwangju Bienali, Gwangju, Kore

1999 Uluslararası İlk Ödül , 48. Venedik Bienali, Venedik, İtalya
En İyi Proje Ödülü, ARCO, Madrid, İspanya

KİŞİSEL SERGİLER

2013 "Shirin Neshat," Detroit Institute of Arts, Detroit, Michigan, ABD
"The Book of Kings," Faurschou Foundation, Pekin, Çin

2012 "The Book of Kings," Gladstone Gallery, New York, ABD
"The Book of Kings," Jerome de Noirmont Gallery, Paris, Fransa

2011 "Women Without Men," Palazzo Reale, Milan, İtalya
"Shirin Neshat: Soliloquy," Yorkshire Sculpture Park, Wakefield, İngiltere

2010 "Shirin Neshat," La Fabrica Gallery, Madrid, İspanya

2009 "Games of Desire," Gladstone Gallery, Brüksel, Belçika
"Games of Desire," Jerome de Noirmont Gallery, Paris, Fransa
"Women Without Men," National Museum of Contemporary Art, Atina, Yunanistan (sonradan Kulturhuset, Stockholm'a taşınmıştır)
"Shirin Neshat: Turbulent," Faurschou Gallery, Kopenhagen, Danimarka

2008 "Shirin Neshat," Gladstone Gallery, New York, ABD
"Shirin Neshat: Women Without Men," Newcomb Sanat Gallery, Tulane University, New Orleans, ABD
"Shirin Neshat: New Works," Jérôme de Noirmont Gallery, Paris, Fransa
"Women Without Men," ARoS Aarhus Kunstmuseum, Aarhus, Danimarka (sonradan Faurschou Gallery, Beijing'e taşınmıştır)
"Shirin Neshat," National Gallery of Iceland, Reykjavik, İzlanda

2007 "Shirin Neshat," Filomena Soares Gallery, Lizbon, Portekiz

2006 "Shirin Neshat," Espoo Museum of Modern Art, Espoo, Finlandiya
"Shirin Neshat: The Last Word," Centro Atlantico de Arte Moderno, Las Palmas de Gran Canaria, İspanya
"Shirin Neshat," Stedelijk Museum CS, Amsterdam, Hollanda
"Shirin Neshat," Lumen Travo Gallery, Amsterdam, Hollanda

2005 "Zarin," Gladstone Gallery, New York, ABD
"Shirin Neshat," Hamburger Bahnhof, Museum Für Gegenwart, Berlin, Almanya
"Shirin Neshat," Museo de Arte Contemporaneo, Leon, İspanya
"Shirin Neshat," Hiroshima City Museum of Contemporary Art, Hiroshima, Japonya

2004 "Shirin Neshat," Auckland Sanat Gallery, Auckland, Yeni Zelanda

2003 "Tooba," Asia Society Museum, New York, ABD
"Shirin Neshat," Filomena Soares Gallery, Lizbon, Portekiz
"Shirin Neshat," Lumen Travo Gallery, Amsterdam, Hollanda
"Shirin Neshat," Museo de Arte Moderno, Meksika

2002 "Shirin Neshat," Castello di Rivoli, Torino, İtalya

"Shirin Neshat," Centre for Contemporary Art, Ujazdowski Castle, Varşova, Polonya
"Shirin Neshat," Banco di Brasil, Rio de Janeiro, Brezilya
"Shirin Neshat," Aarhus Kunstmuseum, Aarhus, Danimarka
"Passage," Regina Gouger Miller Gallery, Carnegie Mellon University, Pittsburgh, Pennsylvania, ABD

2001 "Shirin Neshat," Musée d'Art Contemporain de Montreal, Kanada (sonradan Walker Art Center, Minneapolis; Contemporary Arts Museum, Houston, Teksas; Miami Art Museum, Miami'ye taşınmıştır)
"Shirin Neshat," Irish Museum of Modern Art, Dublin, İrlanda
"Shirin Neshat," Patrick Painter, Santa Monica, Kaliforniya, ABD
"Shirin Neshat," Barbara Gladstone Gallery, New York, ABD
"Shirin Neshat," Kanazawa Contemporary Art Museum, Kanazawa, Japonya

"Shirin Neshat," Hamburger Kunsthalle, Hamburg, Almanya

2000 "Shirin Neshat," Serpentine Gallery, Londra, İngiltere
"Shirin Neshat," Pitti Discovery, Floransa, İtalya
"Shirin Neshat," Kunsthalle Wien, Viyana, Avusturya
"Shirin Neshat," Lia Rumma, Milan, İtalya
"Shirin Neshat," Dallas Museum of Art, Dallas, Teksas, ABD
"Shirin Neshat," Matrix, Berkeley Art Museum, Berkeley, Kaliforniya, ABD
"Shirin Neshat," Wexner Center for the Arts, Columbus, Ohio, ABD

1999 "Shirin Neshat," Malmö Konsthall, Malmö, İsveç
"Shirin Neshat," Art Institute of Chicago, Şikago, ABD
"Shirin Neshat," Patrick Painter Gallery, Los Angeles, ABD
"Shirin Neshat," D'Amelio Terras, New York, ABD
"Shirin Neshat," Jerôme de Noirmont Gallery, Paris, Fransa
"Shirin Neshat," Henie Onstad Artsentre, Oslo, Norveç
"Shirin Neshat," Tensta Konsthall, Spanga, İsveç

1998 "Shirin Neshat," Tate Gallery, Londra İngiltere
"Shirin Neshat," Whitney Museum of American Art, Philip Morris Branch, New York, ABD
"Shirin Neshat," Maison Européene de la Photographie, Paris, Fransa
"Shirin Neshat," Thomas Rehbein Gallery, Köln, Almanya

1997 "Shirin Neshat," Museum of Modern Art, Ljubljana, Slovenya
"Shirin Neshat," Annina Nosei Gallery, New York, ABD
"Shirin Neshat," Lumen Travo, Amsterdam, Hollanda
"Shirin Neshat," Artspeak, Vancouver, Kanada

1996 "Shirin Neshat," Centre d'art de Fribourg, Fribourg, İsviçre
"Shirin Neshat," Marco Noire Contemporary Arts, Turin, İtalya
"Shirin Neshat," Lucio Amelio Gallery, Napoli, İtalya
"Shirin Neshat," Haines Galeri, San Francisco, ABD

1995 "Shirin Neshat," Annina Nosei Gallery, New York, ABD

1993 "Shirin Neshat," Franklin Furnace, New York, ABD

KARMA SERGİLER

2013 "All You Need is Love," Mori Art Museum, Tokyo, Japonya

2012 "We the People," Rauschenberg Vakfı, New York, ABD
"The Fertile Crescent: Gender, Art, and Society," Princeton University Art Museum, Princeton, NJ, ABD
"Half the Sky: Visualized," The University of Connecticut, Contemporary Art Galleries, Storrs, Connecticut, ABD

2011 "Beyond Conventions: Reimagining Human Rights in a Time of Change," FordVakfı, New York, ABD
"In The Name of the Artists," American Contemporary Art from the Astrup Fearnley Collection, Bienal Pavilyonu, São Paulo, Brezilya
"TRA. Edge of Becoming," Palazzo Fortuny, Venedik, İtalya
"I Know Something About Love," Parasol Unit Foundation for Contemporary Art, Londra, İngiltere

2010 "Calder to Warhol: Introducing the Fisher Collection," San Francisco Museum of Modern Art, San Francisco, ABD
"ARTE Y POLITICA: CONFLICTOS Y DISYUNTIVAS," Museo de Arte de Culiacán, Culiacán, Meksika
"Exposure: Photos from the Vault," Denver Art Museum, Denver, ABD
"Disquieted," Portland Art Museum, Portland, ABD
"Diabolique," Galerie de Universite du Quebec a Montreal, Montreal, Kanada

2009 "Bad Habits," Albright-Knox Art Galeri, Buffalo, New York, ABD
"BAROCK," Museo d'Arte Contemporanea Donna Regina, Napoli, İtalya
"Being in the World: Selections from the Ella Fontanals-Cisneros Collection," Cisneros Fontanals Sanat Vakfı, Miami, ABD
"Shirin Neshat e Shoja Azari," Noire Contemporary Art, Turin, İtalya
"The Female Gaze: Women Look at Women," Cheim & Read, New York, ABD
"Iran Inside Out," Chelsea Art Museum, New York, ABD
"Photographic Power and Violence, Disease, and Death Photographed," Fotomuseum Winterthur, İsviçre

2008 "Prospect.1 New Orleans," Biennial of International Contemporary Art, New Orleans, ABD
"Me Ophelia," Van Gogh Museum, Amsterdam
"Typical: Cliches of Jews and Others," The Jewish Museum, Berlin (buradan Spertus Museum, Şikago'ya taşınmıştır [2009])
"Wanderers in Contemporary Video Art," Museo Civico, Commune di Siena, Siena, İtalya
"Paixóns Privadas, Visións Públicas Collections D.O. Galicia," Museo de Arte Contemporáneo de Vigo, Vigo, İspanya

2007 "Foto.Kunst," Essl Museum, Klosterneuberg, Avusturya
"Kunst Film Biennale," Köln, Almanya
"Ten Years," Emily Tsingou Gallery, Londra, İngiltere

"So Close / So Far Away," BE-Part Platform voor actuele kunst, Waregem, Belçika
"Weltempfänger," Hamburger Kunsthalle, Hamburg, Almanya
"After The Revolution: Women Who Transformed Contemporary Art," Dorsky Gallery Kuratör Programları, New York, ABD
"Border-Crossing Exercises," Nord Norge Gallery, Harstad, Norveç
"Not for Sale," P.S.1 Contemporary Art Center, New York, ABD
"Lights Camera Action: Artist's Film for the Cinema," Whitney Museum of American Art, New York, ABD

2006 "Kapital," Kent Galeri, New York, ABD
"Saastamoinen Foundation Art Collection," Espoo Museum of Modern Art, Helsinki, Finlandiya
"A Selected State," Emily Tsingou Gallery, Londra, İngiltere
"Reverence," Hudson Valley Center for Contemporary Art, Peekskill, New York, ABD

2005 "Translation," Palais de Tokyo, Paris, Fransa
"Remapped Realities," Eyebeam Art and Technology Center, New York, ABD
"Some Stories," Kunsthalle Wien, Viyana, Avusturya
"Beauty," House of World Culture, Berlin, Almanya
"Important, Modern and Contemporary Art," Gary Nader, Miami, ABD
"Figure It Out," Hudson Valley Center for Contemporary Art, Peekskill, New York, ABD

2004 "Non Toccare La Donna Bianca," Fondazione Sandretto Re Rebaudengo, Turin, İtalya
Santa Fe Art Institute, Santa Fe
"In Bed," Toyota Municipal Museum of Art, Toyota, Japonya
"From Bonifatius to Beuys," Kunsthalle Erfurt, Erfurt, Almanya
"Monument to Now," Deste Foundation, Atina, Yunanistan
"New Art" Museum of Contemporary Art, Tahran, İran
"The Parallel World of Marrakech," Lille 2004, Lille, Fransa
"Transculture," Museum of Contemporary Art, Atina, Yunanistan
"Far Near Distance," House of World Culture, Berlin, Almanya
"Masterpieces from the museum of Contemporary Art," Chicago, ABD (buradan Manin Center of Contemporary Art, Udine, İtalya'ya taşınmıştır)

2003 "Bill Viola and Shirin Neshat," State Hermitage Museum, St. Petersburg, Rusya
"Moving Pictures," Guggenheim Bilbao, Bilbao, İspanya
"Fantasies of the Harem and the New Sherezades," Centre de Cultura Contemporania, Barcelona, İspanya
"Elsewhere," Fowler Museum, University of California Los Angeles, Los Angeles, ABD
"The Natural Cosmos," Stadtische Kunsthalle Mannheim, Mannheim, Almanya
"Imagining Prometheus," Palazzo della Ragione, Milan, İtalya
"Nouredine Amir," ModeMuseum, Antwerp, Belçika
"Films of the Iranian Diaspora," Gene Siskel Film Center, Şikago, ABD
"Armour: The Fortification of Man," Fort Asperen Vakfı, Acquoy, Hollanda

"ICP Triennial of Photography and Video," International Center of Photography, New York, ABD

2002 "Diversions," Contemporary Museum, Baltimore, ABD
"Synopsis II-Theologies," The New Museum of Contemporary Art, Atina, Yunanistan
"Alter Ego," Jean-Gabriel Mitterand Gallery, Paris, Fransa
"Recent Acquisitions," Solomon R. Guggeheim Museum of Art, New York, ABD
"The Beauty of the Evil," Zonnehof, Amersfoort, Hollanda
Documenta 11, Kassel, Almanya
"Picturing Ourselves," Worcester Art Museum, Worcester, Massachusetts, ABD
"Moving Pictures," Solomon R. Guggenheim Museum of Art, New York, ABD
"Visions from America," Whitney Museum of American Art, New York, ABD
"Iconos Metropolitanos," Fundación Proa, Buenos Aires, Arjantin
"New Art," Tehran Museum of Contemporary Art, Tahran, İran
"Real Life," Tate St. Ives, Cornwall, İngiltere

2001 "Galerie Faurschou, 1986-2001," Faurschou Gallery, Kopenhag
"Fervor," Tensta Konsthall, Spanga, İsveç
"Black + White," Blains Fine Art, Londra, İngiltere
"New Acquisitions from the Dakis Joannou Collection," Deste Vakfı, Atina, Yunanistan
Beyeler Foundation, Basel, İsviçre
Biennial de Valencia, Valencia, İspanya
"Mona Hatoum-Shirin Neshat," French Institut, Rabbat, Fas
Croatian Photographic Union, Zagreb, Hırvatistan
"Arte Contemporaneo Internacional," Museo de Arte Moderno, Meksika Şehri, Meksika
"The Beauty of the Evil," Armando Museum, Amsterdam, Hollanda

2000 "Corpo Chimico," Cá di Fra, Milan, İtalya
"Photography Now: An International Survey of Contemporary Photography," Contemporary Arts Center, New Orleans, ABD
"State of the Art: Recent Gifts and Acquisitions," Walker Art Center, Minneapolis, ABD
"Erresitentziak/Resistencias, Koldo Mitxelena, San Sebastian, İspanya
"Turbulent," The Fruitmarket Galeri, Edinburgh Festivali, Edinburgh, İskoçya
Lyon Bienali, Lyon, Fransa
"La Beauté in Avignon," Avignon, Fransa
"Continental Shift," Ludwig Forum, Aachen, Almanya
Biennale of Sydney, Sydney, Avustralya
Gwangju Bienali, Gwangju, Güney Kore
Whitney Bienali, Whitney Museum of American Art, New York, ABD
"Outbound. Passages from the 90's," Contemporary Art Museum, Houston, Teksas, ABD
"Greater New York. New Art in New York Now," P.S.1 Contemporary Art Center, New York, ABD
"Contact: A 90's Journal," Contemporary Arts Museum, Houston, Teksas, ABD

Kunstsammlung Nordrhein-Westfalen, Düsseldorf, Almanya
"THE END: An Independent Vision of Contemporary Culture, 1982-2000," Exit Art, New York, ABD

1999 "Heaven: An Exhibition That Will Break Your Heart," Tate Gallery Liverpool, Liverpool, İngiltere
"Zeitwenden: Rückblick und Ausblick," Kunstmuseum Bonn, Bonn, Almanya
"Shirin Neshat: Rapture/Pipilotti Rist: Sip My Ocean," The Fabric Workshop and Museum, Philadelphia, ABD
"Voiceovers," New South Wales Sanat Gallery, Sydney, Avustralya
"Project 70: Shirin Neshat, Simon Patterson, Xu Bing," Museum of Modern Art, New York, ABD
Carnegie International, Carnegie Museum of Art, Pittsburgh, Pennsylvania, ABD
"My Culture? My Self. Lee Friedlander, Gerhard Richter, Christian Boltanski, Shirin Neshat," Ydessa Hendeles Sanat Vakfı, Toronto, Kanada
La Biennale di Venezia, Venedik, İtalya
"Exploding Cinema," Rotterdam Film Festival, Museum Boijmans Van Beuningen, Rotterdam, Hollanda
"Unfinished History," Museum of Contemporary Art, Şikago, ABD
"Video Cultures," Zentrum fur Kunst und Medientechnologie, Karlsruhe, Almanya
"La Ville, Le Jardin, la Memoire" Villa Medici, Roma, İtalya
"Global Art Rheinland 2000," Museum Ludwig Köln, Köln, Almanya
"SITE SANTA FE: Looking For A Place," Santa Fe
"Zeitwenden-outlook into the next millennium," Kunstmuseum Bonn, Bonn, Almanya
"Heavenly Figure," Kunsthalle Düsseldorf, Dusseldorf, Almanya

1998 "Unfinished History," Walker Art Center, Minneapolis, ABD
"In The Detail," Barbara Gross Gallery, Münih, Almanya
"7th Summer of Photography," Museum van Hedendaagse Kunst Antwerpen, Antwerp, Belçika
"Mar de Fondo," Sagunto Roman Theatre, Valencia, İspanya
"Vanessa Beecroft & Shirin Neshat," Galleria Nazionale d'Arte Moderna, Bologna, İtalya
"Maschile Femminile e oltre," Palazzo Branciforte, Palermo, İtalya
"Mostrato," Pescara, İtalya
"ECHOLOT," Kunsthalle Fridericianum Kassel, Almanya
"Transatlantico," Centro Atlantico de Arte Moderno, Kanarya Adaları, İspanya
"A Noir," Triennale di Milano, Milan, İtalya
"Interference," Comunidad de Madrid, Madrid, İspanya
"Genders and Nations: Reflections on Women in Revolution," Johnson Museum, Cornell University, Ithaca, New York, ABD
"5th International Istanbul Biennale: On Life, Beauty, Translations, and OtherDifficulties," İstanbul, Türkiye
"2nd Johannesburg Biennale 1997, Trade Routes: History and Geography," Johannesburg, Güney Afrika
"Unbeschreiblich Weiblich," Fotomanifestatie Noorderlicht,

Groningen, Hollanda

1997 "Triple X: Contemporary Investigating Arts," International Art Festival, Amsterdam, Hollanda
"Der Rest der Welt," Haus Der Kulturen Der Welt, Berlin, Almanya
"International Art Festival City of Medellin," Medellin, Kolombiya
"Foto text/text foto," Museum for Modern and Contemporary Art Bolzano, Bolzano, İtalya
Frankfurt Kunstverein, Frankfurt, Almanya
"Le Masque et le Miroir," Museu d'Art Contemporani de Barcelona, Barselona, İspanya

1996 "Jurassic Technologies Revenant," Sydney Bienali, Sydney, Avustralya
"Le Masque et le Miroir," Rencontres Internationales de la Photographie, Arles, Fransa
"Inclusion/Exclusion," Kunstlerhaus Graz, Graz, Avusturya
"Radical Images: Austrian Triennal of Photography 1996," Neue Galerie, New York (buradan Kunstlerhaus Graz, Graz, Avusturya'ya taşınmıştır)
Kunsthalle Szombathely, Szombathely, Macaristan
"Interzones," Kunstforeningen GL Strand, Kopenhagen
Uppsala Konstmuseum, Uppsala, İsveç
"Ghostwriter," Mercer Union, Toronto, Kanada
"Group Exhibition," Haines Gallery, San Francisco, ABD
"Auf Den Leib," Kunsthalle Wien, Viyana, Avusturya
"Gallery Artists," Galerie Lumen Travo, Amsterdam, Hollanda
"Imaginary Beings," Exit Art, New York, ABD
Creative Time tarafından Anchorage, Brooklyn Bridge, New York için sipariş edilen video enstalasyonu, ABD

1995 "Orientation," İstanbul Bienali, İstanbul, Türkiye
"Transculture," Venedik Bienali, Venedik, İtalya
Contemporary Art Museum, Okayama, Japonya
"Campo '95," Venedik Bienali 95, VenedikFondazione Sandretto Re Rebaudengo, Turin, İtalya
"It's How You Play the Game," Exit Art, New York, ABD

1994 "Three New Photographers," Haines Gallery, San Francisco, ABD
"Revolving Histories," SF Camerawork, San Francisco, ABD
"Selection from the Artists File," Artists Space, New York, ABD
"Labyrinth of Exile: Recent Works by Four Contemporary Iranian Artists," Fowler Museum of Cultural History, University of California Los Angeles, Los Angeles, ABD
"Fever," Wexner Center for the Arts, Columbus, ABD
"Beyond the Borders: Art By Recent Immigrants," Bronx Museum of the Arts, New York, ABD

1993 "The Office: History, Fantasy and Irregular Protocols," terkedilmiş bir Wall Street ofis binasında mekana özgü yerleştirmeler; Güney Manhattan Kültür Konseyi tarafından organize edilmiştir, New York , ABD

1990 "Fever," Exit Art Galeri, New York, ABD

PERFORMANSLAR

2011 "OverRuled," PERFORMA 11, 11 – 12 Kasım , 2011

2003 "Logic of the Birds," Ortigia Festival, Syracuse, Sicilya, İtalya 25 – 27 Temmuz

2002 "Logic of the Birds," Walker Art Center, Minneapolis, ABD, 20 – 23 Haziran
"Logic of the Birds," Lincoln Center, New York, ABD, 12 – 13 Temmuz
"Logic of the Birds," ArtAngel, Londra, İngiltere, 7 – 17 Kasım

2001 "Logic of the Birds (Phase One)," The Kitchen, New York, ABD

Born 1957 Qazvin, Iran.
Lives and works in New York.

AWARDS & GRANTS

2009 Silver Lion, 66th Venice Film Festival
Cinema for Peace Special Award, Hessischer Filmpreis, Germany

2008 Rockefeller Foundation Media Arts Fellowship, New York, USA
Cultural Achievement Award, Asia Society, New York, USA

2006 Lillian Gish Prize, New York, USA

2005 Hiroshima Art Prize, Hiroshima City Museum of Art, Hiroshima, Japan

2003 ZeroOne Award, Universität der Künste, Berlin, Germany
Fine Art Prize, Heitland Foundation, Celle, Germany

2002 Infinity Award for Visual Art, International Center for Photography, New York, USA

2000 Grand Prix, Gwangju Biennale, Gwangju, Korea

1999 First International Prize, 48th Venice Biennale, Venice, Italy
Prize for Best Project, ARCO, Madrid, Spain

SOLO EXHIBITIONS

2013 "Shirin Neshat," Detroit Institute of Arts, Detroit, Michigan, USA
"The Book of Kings," Faurschou Foundation, Beijing, China

2012 "The Book of Kings," Gladstone Gallery, New York, USA
"The Book of Kings," Galerie Jerome de Noirmont, Paris, France

2011 "Women Without Men," Palazzo Reale, Milan, Italy
"Shirin Neshat: Soliloquy," Yorkshire Sculpture Park, Wakefield, England

2010 "Shirin Neshat," La Fabrica Galeria, Madrid, Spain

2009 "Games of Desire," Gladstone Gallery, Brussels, Belgium
"Games of Desire," Galerie Jerome de Noirmont, Paris, France
"Women Without Men," National Museum of Contemporary Art, Athens [traveled to: Kulturhuset, Stockholm]
"Shirin Neshat: Turbulent," Galleri Faurschou, Copenhagen, Denmark

2008 "Shirin Neshat," Gladstone Gallery, New York, USA
"Shirin Neshat: Women Without Men," Newcomb Art Gallery, Tulane University, New Orleans, USA
"Shirin Neshat: New Works," Galerie Jérôme de Noirmont, Paris, France
"Women Without Men," ARoS Aarhus Kunstmuseum, Aarhus, Denmark [traveled to: Gallery Faurschou, Beijing]
"Shirin Neshat," National Gallery of Iceland, Reykjavik, Iceland

2007 "Shirin Neshat," Galeria Filomena Soares, Lisbon, Portugal

2006 "Shirin Neshat," Espoo Museum of Modern Art, Espoo, Finland
"Shirin Neshat: The Last Word," Centro Atlantico de Arte Moderno, Las Palmas de Gran Canaria, Spain
"Shirin Neshat," Stedelijk Museum CS, Amsterdam, The Netherlands
"Shirin Neshat," Lumen Travo Gallery, Amsterdam, The Netherlands

2005 "Zarin," Gladstone Gallery, New York, USA
"Shirin Neshat," Hamburger Bahnhof, Museum Für Gegenwart, Berlin, Germany
"Shirin Neshat," Museo de Arte Contemporaneo, Leon, Spain
"Shirin Neshat," Hiroshima City Museum of Contemporary Art, Hiroshima, Japan

2004 "Shirin Neshat," Auckland Art Gallery, Auckland, New Zealand

2003 "Tooba," Asia Society Museum, New York, USA
"Shirin Neshat," Galeria Filomena Soares, Lisbon, Portugal
"Shirin Neshat," Lumen Travo Gallery, Amsterdam, The Netherlands
"Shirin Neshat," Museo de Arte Moderno, Mexico City, Mexico

2002 "Shirin Neshat," Castello di Rivoli, Turin, Italy
"Shirin Neshat," Centre for Contemporary Art, Ujazdowski Castle, Warsaw, Poland
"Shirin Neshat," Banco di Brasil, Rio de Janeiro, Brazil

2001 "Shirin Neshat," Musée d'Art Contemporain de Montreal, Canada [traveled to: Walker Art Center, Minneapolis; Contemporary Arts Museum, Houston, Texas; Miami Art Museum, Miami]
"Shirin Neshat," Irish Museum of Modern Art, Dublin, Ireland
"Shirin Neshat," Patrick Painter, Santa Monica, California, USA
"Shirin Neshat," Barbara Gladstone Gallery, New York, USA
"Shirin Neshat," Kanazawa Contemporary Art Museum, Kanazawa, Japan
"Shirin Neshat," Hamburger Kunsthalle, Hamburg, Germany

2000 "Shirin Neshat," Serpentine Gallery, London, England
"Shirin Neshat," Pitti Discovery, Florence, Italy
"Shirin Neshat," Kunsthalle Wien, Vienna, Austria
"Shirin Neshat," Lia Rumma, Milan, Italy
"Shirin Neshat," Dallas Museum of Art, Dallas, Texas, USA
"Shirin Neshat," Matrix, Berkeley Art Museum, Berkeley, California, USA
"Shirin Neshat," Wexner Center for the Arts, Columbus, Ohio, USA

1999 "Shirin Neshat," Malmö Konsthall, Malmö, Sweden
"Shirin Neshat," Art Institute of Chicago, Chicago, USA
"Shirin Neshat," Patrick Painter Gallery, Los Angeles, USA
"Shirin Neshat," D'Amelio Terras, New York, USA
"Shirin Neshat," Galerie Jerôme de Noirmont, Paris, France
"Shirin Neshat," Henie Onstad Artsentre, Oslo, Norway
"Shirin Neshat," Tensta Konsthall, Spanga, Sweden

1998 "Shirin Neshat," Tate Gallery, London, England
"Shirin Neshat," Whitney Museum of American Art, Philip Morris Branch, New York, USA
"Shirin Neshat," Maison Européene de la Photographie, Paris, France
"Shirin Neshat," Thomas Rehbein Gallery, Cologne, Germany

1997 "Shirin Neshat," Museum of Modern Art, Ljubljana, Slovenia
"Shirin Neshat," Annina Nosei Gallery, New York, USA
"Shirin Neshat," Lumen Travo, Amsterdam, The Netherlands
"Shirin Neshat," Artspeak, Vancouver, Canada

1996 "Shirin Neshat," Centre d'art de Fribourg, Fribourg, Switzerland
"Shirin Neshat," Marco Noire Contemporary Arts, Turin, Italy
"Shirin Neshat," Lucio Amelio Gallery, Naples, Italy
"Shirin Neshat," Haines Gallery, San Francisco, USA

1995 "Shirin Neshat," Annina Nosei Gallery, New York, USA

1993 "Shirin Neshat," Franklin Furnace, New York, USA

GROUP EXHIBITIONS

2013 "All You Need is Love," Mori Art Museum, Tokyo, Japan

2012 "We the People," Rauschenberg Foundation, New York, USA
"The Fertile Crescent: Gender, Art, and Society," Princeton University Art Museum, Princeton, NJ, USA
"Half the Sky: Visualized," The University of Connecticut, Contemporary Art Galleries, Storrs, Connecticut, USA

2011 "Beyond Conventions: Reimagining Human Rights in a Time of Change," Ford Foundation, New York, USA
"In The Name of the Artists," American Contemporary Art from the Astrup Fearnley Collection, Bienal Pavilion, São Paulo, Brazil
"TRA. Edge of Becoming," Palazzo Fortuny, Venice, Italy
"I Know Something About Love," Parasol Unit Foundation for Contemporary Art, London, England

2010 "Calder to Warhol: Introducing the Fisher Collection," San Francisco Museum of Modern Art, San Francisco, USA
"ARTE Y POLITICA: CONFLICTOS Y DISYUNTIVAS," Museo de Arte de Culiacán, Culiacán, Mexico
"Exposure: Photos from the Vault," Denver Art Museum, Denver, USA
"Disquieted," Portland Art Museum, Portland, USA
"Diabolique," Galerie de Universite du Quebec A Montreal, Montreal, Canada

2009 "Bad Habits," Albright-Knox Art Gallery, Buffalo, New York, USA
"BAROCK," Museo d'Arte Contemporanea Donna Regina, Naples, Italy
"Being in the World: Selections from the Ella Fontanals-Cisneros Collection," Cisneros Fontanals Art Foundation, Miami, USA
"Shirin Neshat e Shoja Azari," Noire Contemporary Art, Turin, Italy
"The Female Gaze: Women Look at Women," Cheim & Read, New York, USA
"Iran Inside Out," Chelsea Art Museum, New York, USA
"Photographic Power and Violence, Disease, and Death Photographed," FotomuseumWinterthur, Switzerland

2008 "Prospect.1 New Orleans," Biennial of International Contemporary Art, New Orleans, USA
"Me Ophelia," Van Gogh Museum, Amsterdam, The Netherlands
"Typical: Cliches of Jews and Others," The Jewish Museum, Berlin [traveled to: Spertus Museum, Chicago (2009)], USA
"Wanderers in Contemporary Video Art," Museo Civico, Commune di Siena, Siena, Italy
"Paixóns Privadas, Visións Públicas Collections D.O. Galicia," Museo de Arte Contemporáneo de Vigo, Vigo, Spain

2007 "Foto.Kunst," Essl Museum, Klosterneuberg, Austria
"Kunst Film Biennale," Cologne, Germany
"Ten Years," Emily Tsingou Gallery, London, England
"So Close / So Far Away," BE-Part Platform voor actuelekunst,

Waregem, Belgium
Weltempfänger," Hamburger Kunsthalle, Hamburg, Germany
"After The Revolution: Women Who Transformed Contemporary Art," Dorsky Gallery Curatorial Programs, New York, USA
"Border-Crossing Exercises", Galleri Nord Norge, Harstad, Norway
"Not for Sale," P.S.1 Contemporary Art Center, New York, USA
"Lights Camera Action: Artist's Film for the Cinema," Whitney Museum of American Art, New York, USA

2006 "Kapital," Kent Gallery, New York, USA
"Saastamoinen Foundation Art Collection," Espoo Museum of Modern Art, Helsinki, Finland
"A Selected State," Emily Tsingou Gallery, London, England
"Reverence," Hudson Valley Center for Contemporary Art, Peekskill, New York, USA

2005 "Translation," Palais de Tokyo, Paris, France
"Remapped Realities," Eyebeam Art and Technology Center, New York, USA
"Some Stories," Kunsthalle Wien, Vienna, Austria
"Beauty," House of World Culture, Berlin, Germany
"Important, Modern and Contemporary Art," Gary Nader, Miami, USA
"Figure It Out," Hudson Valley Center for Contemporary Art, Peekskill, New York, USA

2004 "Non Toccare La Donna Bianca," Fondazione Sandretto Re Rebaudengo, Turin, Italy Santa Fe Art Institute, Santa Fe
"In Bed," Toyota Municipal Museum of Art, Toyota, Japan
"From Bonifatius to Beuys," Kunsthalle Erfurt, Erfurt, Germany
"Monument to Now," Deste Foundation, Athens, Greece
"New Art" Museum of Contemporary Art, Tehran, Iran
"The Parallel World of Marrakech," Lille 2004, Lille, France
"Transculture," Museum of Contemporary Art, Athens, Greece
"Far Near Distance," House of World Culture, Berlin, Germany
"Masterpieces from the museum of Contemporary Art," Chicago, USA [traveled to: Villa Manin Center of Contemporary Art, Udine, Italy]

2003 "Bill Viola and Shirin Neshat," State Hermitage Museum, St. Petersburg, Russia
"Moving Pictures," Guggenheim Bilbao, Bilbao, Spain
"Fantasies of the Harem and the New Sherezades," Centre de Cultura Contemporania, Barcelona, Spain
"Elsewhere," Fowler Museum, University of California Los Angeles, Los Angeles, USA
"The Natural Cosmos," Stadtische Kunsthalle Mannheim, Mannheim, Germany
"Imagining Prometheus," Palazzo della Ragione, Milan, Italy
"Nouredine Amir," ModeMuseum, Antwerp, Belgium
"Films of the Iranian Diaspora," Gene Siskel Film Center, Chicago, USA
"Armour: The Fortification of Man," Fort Asperen Foundation, Acquoy, The Netherlands

"ICP Triennial of Photography and Video," International Center of Photography, New York, USA

2002 "Diversions," Contemporary Museum, Baltimore, USA
"Synopsis II-Theologies," The New Museum of Contemporary Art, Athens, Greece
"Alter Ego," Jean-Gabriel Mitterand Galerie, Paris, France
"Recent Acquisitions," Solomon R. Guggeheim Museum of Art, New York, USA
"The Beauty of the Evil," Zonnehof, Amersfoort, The Netherlands
Documenta 11, Kassel, Germany
"Picturing Ourselves," Worcester Art Museum, Worcester, Massachusetts, USA
"Moving Pictures," Solomon R. Guggenheim Museum of Art, New York, USA
"Visions from America," Whitney Museum of American Art, New York, USA
"Iconos Metropolitanos," Fundación Proa, Buenos Aires, Argentina
"New Art," Tehran Museum of Contemporary Art, Tehran, Iran
"Real Life," Tate St. Ives, Cornwall, England

2001 "Galerie Faurschou, 1986-2001," Galerie Faurschou, Copenhagen
"Fervor," Tensta Konsthall, Spanga, Sweden
"Black + White," Blains Fine Art, London, England
"New Acquisitions from the Dakis Joannou Collection," Deste Foundation, Athens, Greece
Beyeler Foundation, Basel, Switzerland
Biennial de Valencia, Valencia, Spain
"Mona Hatoum-Shirin Neshat," French Institut, Rabbat, Morocco
Croatian Photographic Union, Zagreb, Croatia
"Arte Contemporaneo Internacional," Museo de Arte Moderno, Mexico City, Mexico
"The Beauty of the Evil," Armando Museum, Amsterdam, The Netherlands

2000 "Corpo Chimico," Cá di Fra, Milan, Italy
"Photography Now: An International Survey of Contemporary Photography," Contemporary Arts Center, New Orleans, USA
"State of the Art: Recent Gifts and Acquisitions," Walker Art Center, Minneapolis, USA
"Erresitentziak/Resistencias," Koldo Mitxelena, San Sebastian, Spain
"Turbulent," The Fruitmarket Gallery, Edinburgh Festival, Edinburgh, Scotland
Lyon Biennial, Lyon, France
"La Beauté in Avignon," Avignon, France
"Continental Shift," Ludwig Forum, Aachen, Germany
Biennale of Sydney, Sydney, Australia
Gwangju Biennale, Gwangju, South Korea
Whitney Biennial, Whitney Museum of American Art, New York, USA
"Outbound. Passages from the 90's," Contemporary Art Museum, Houston, Texas, USA
"Greater New York. New Art in New York Now," P.S.1 Contemporary Art Center, New York, USA

"Contact: A 90's Journal," Contemporary Arts Museum, Houston, Texas, USA
Kunstsammlung Nordrhein-Westfalen, Düsseldorf, Germany
"THE END: An Independent Vision of Contemporary Culture, 1982-2000," Exit Art, New York, USA

1999 "Heaven: An Exhibition That Will Break Your Heart," Tate Gallery Liverpool, Liverpool, England
"Zeitwenden: Rückblick und Ausblick," Kunstmuseum Bonn, Bonn, Germany
"Shirin Neshat: Rapture/Pipilotti Rist: Sip My Ocean," The Fabric Workshop and Museum, Philadelphia, USA
"Voiceovers," Art Gallery of New South Wales, Sydney, Australia
"Project 70: Shirin Neshat, Simon Patterson, Xu Bing," Museum of Modern Art, New York, USA
Carnegie International, Carnegie Museum of Art, Pittsburgh, Pennsylvania, USA
"My Culture? My Self. Lee Friedlander, Gerhard Richter, Christian Boltanski, Shirin Neshat," Ydessa Hendeles Art Foundation, Toronto, Canada
La Biennale di Venezia, Venice, Italy
"Exploding Cinema," Rotterdam Film Festival, Museum Boijmans Van Beuningen, Rotterdam, The Netherlands
"Unfinished History," Museum of Contemporary Art, Chicago, USA
"Video Cultures," Zentrum fur Kunst und Medientechnologie, Karlsruhe, Germany
"La Ville, Le Jardin, la Memoire" Villa Medici, Rome, Italy
"Global Art Rheinland 2000," Museum Ludwig Köln, Cologne, Germany
"SITE SANTA FE: Looking For A Place," Santa Fe
"Zeitwenden-outlook into the next millennium," Kunstmuseum Bonn, Bonn, Germany
"Heavenly Figure," Kunsthalle Düsseldorf, Dusseldorf, Germany

1998 "Unfinished History," Walker Art Center, Minneapolis, USA
"In The Detail," Barbara Gross Galerie, Munich, Germany
"7th Summer of Photography," Museum van Hedendaagse Kunst Antwerpen, Antwerp, Belgium
"Mar de Fondo," Sagunto Roman Theatre, Valencia, Spain
"Vanessa Beecroft & Shirin Neshat," Galleria Nazionale d'Arte Moderna, Bologna, Italy
"Maschile Femminile e oltre," Palazzo Branciforte, Palermo, Italy
"Mostrato," Pescara, Italy
"ECHOLOT," Kunsthalle Fridericianum Kassel, Germany
"Transatlantico," Centro Atlantico de Arte Moderno, Canary Islands, Spain
"A Noir," Triennale di Milano, Milan, Italy
"Interference," Comunidad de Madrid, Madrid, Spain
"Genders and Nations: Reflections on Women in Revolution," Johnson Museum,Cornell University, Ithaca, New York, USA
"5th International Istanbul Biennale: On Life, Beauty, Translations and Other Difficulties," Istanbul, Turkey
"2nd Johannesburg Biennale 1997, Trade Routes: History and Geography," Johannesburg, South Africa

"Unbeschreiblich Weiblich," Fotomanifestatie Noorderlicht, Groningen, The Netherlands

1997 "Triple X: Contemporary Investigating Arts," International Art Festival, Amsterdam, The Netherlands
"Der Rest der Welt," Haus Der Kulturen Der Welt, Berlin, Germany
"International Art Festival City of Medellin," Medellin, Colombia
"Foto text/text foto," Museum for Modern and Contemporary Art Bolzano, Bolzano, Italy
Frankfurt Kunstverein, Frankfurt, Germany
"Le Masque et le Miroir," Museu d'Art Contemporani de Barcelona, Barcelona, Spain

1996 "Jurassic Technologies Revenant," Sydney Biennial, Sydney, Australia
"Le Masque et le Miroir," Rencontres Internationales de la Photographie, Arles, France
"Inclusion/Exclusion," Kunstlerhaus Graz, Graz, Austria
"Radical Images: Austrian Triennal of Photography 1996," Neue Galerie, New York, USA [traveled to: Kunstlerhaus Graz, Graz, Austria]
Kunsthalle Szombathely, Szombathely, Hungary
"Interzones," Kunstforeningen GL Strand, Copenhagen, Denmark
Uppsala Konstmuseum, Uppsala, Sweden
"Ghostwriter," Mercer Union, Toronto, Canada
"Group Exhibition," Haines Gallery, San Francisco, USA
"Auf Den Leib," Kunsthalle Wien, Vienna, Austria
"Gallery Artists," Galerie Lumen Travo, Amsterdam, The Netherlands
"Imaginary Beings," Exit Art, New York, USA
Video Installation commissioned by Creative Time for Anchorage, Brooklyn Bridge,New York, USA

1995 "Orientation," Istanbul Biennial, Istanbul, Turkey
"Transculture," Venice Biennale, Venice, Italy Contemporary Art Museum, Okayama, Japan
"Campo '95," Venice Biennial 95, Venice, Italy
Fondazione Sandretto Re Rebaudengo, Turin, Italy
"It's How You Play the Game," Exit Art, New York, USA

1994 "Three New Photographers," Haines Gallery, San Francisco, USA
"Revolving Histories," SF Camerawork, San Francisco, USA
"Selection from the Artists File," Artists Space, New York, USA
"Labyrinth of Exile: Recent Works by Four Contemporary Iranian Artists," Fowler Museum of Cultural History, University of California Los Angeles, Los Angeles, USA
"Fever," Wexner Center for the Arts, Columbus, USA
"Beyond the Borders: Art By Recent Immigrants," Bronx Museum of the Arts, New York, USA

1993 "The Office: History, Fantasy and Irregular Protocols," site-specific installations in an abandoned Wall Street office building, organized by the Lower Manhattan Cultural Council in New York, USA

1990 "Fever," Exit Art Gallery, New York, USA

PERFORMANCES

2011 "OverRuled," PERFORMA 11, November 11 – 12, 2011

2003 "Logic of the Birds," Ortigia Festival, Syracuse, Sicily, Italy
July 25 – 27

2002 "Logic of the Birds," Walker Art Center, Minneapolis, USA
June 20 – 23
"Logic of the Birds," Lincoln Center, New York, USA,
July 12 – 13
"Logic of the Birds," ArtAngel, London, England,
November 7 – 17

2001 "Logic of the Birds (Phase One)," The Kitchen, New York, USA

Bu katalog 10 Mayıs – 15 Haziran 2013 tarihleri arasında Dirimart tarafından Heinz Peter Schwerfel'in küratörlüğünde düzenlenen Shirin Neshat sergisine istinaden yayımlanmıştır. Sergide yer alan *Turbulent* (1998), *Rapture* (1999) ve *OverRuled* (2012) videolarının gösterimi İstanbul Bilgi Üniversitesi'nin **santral**istanbul sergi alanında gerçekleştirilmiştir.

This catalogue has been published by Dirimart for Shirin Neshat exhibition that was curated by Heinz Peter Schwerfel from May 10 to June 15, 2013. The videos *Turbulent* (1998), *Rapture* (1999) and *OverRuled* (2012), which were parts of the exhibition, have been shown in Istanbul Bilgi University's exhibition venue **santral**istanbul.

Yayıncı | Publisher
Dirimart
Abdi İpekçi Cad. 7/4
34367 Nişantaşı İstanbul TR
t. +90 212 291 34 34
f. +90 212 219 64 00
info@dirimart.org
www.dirimart.org

Özgün Almanca Metin | Original Text in German
Heinz Peter Schwerfel

Metnin Türkçe Tercümesi | Translation into Turkish
Niyazi Zorlu

Metnin İngilizce Tercümesi | Translation into English
Sarah Trenker

Tasarım | Design
Neşe Nogay

Koordinasyon | Coordination
Zeynep Dülger

Düzelti | Proofreading
Tankut Aykut

Baskı Adedi | Print Run
1500

Baskı | Printing
Ofset Yapımevi
Şair Sokak 4 34410 Kağıthane İstanbul TR
t. +90 212 295 86 01
f. +90 212 295 64 55

The Book of Kings serisinin bir parçası olan "Mourners" serisine ait bütün görseller:

For all works in "Mourners", from *The Book of Kings* series:

Fotoğraflar | Photos Taken by
Larry Barns

Fotoğraf Dokümentasyonu | Photo Documentation by
David Regan

Kaligrafi Asistanları | Assistance with Calligraphy
Fahimeh Gooran & Fereidoun Ghaffari

Stüdyo Asistanı | Assistance in Studio
Giulia Theodoli

Baskı | Printing
Griffin Editions, New York

Çerçeveleme | Framing
Baobab Frames, New York

"Mourners" Rauschenberg Foundation'ın katkılarıyla geliştirilmiş bir projedir.

"Mourners" was a project developed by the support of the Rauschenberg Foundation.

ISBN: 978-605-5815-27-1

DIRIMART santralistanbul İstanbul Bilgi Üniversitesi LAUREATE INTERNATIONAL UNIVERSITIES